사이다

사일 동안
이것만 풀면
다 합격!

삼성
온라인 GSAT
4급 전문대졸

2025 최신판 시대에듀 All-New 사이다 모의고사
삼성 온라인 GSAT 4급 전문대졸 채용

Always **with you**

사람의 인연은 길에서 우연하게 만나거나 함께 살아가는 것만을 의미하지는 않습니다.
책을 펴내는 출판사와 그 책을 읽는 독자의 만남도 소중한 인연입니다.
시대에듀는 항상 독자의 마음을 헤아리기 위해 노력하고 있습니다. 늘 독자와 함께하겠습니다.

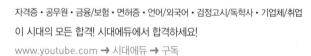

머리말 PREFACE

삼성 경영철학의 최우선순위는 '인간존중' 이념이다. 이를 구현하기 위해 삼성은 1995년에 개인의 능력과 무관한 학력, 성별 등의 모든 차별을 배제한 '열린채용'을 실시함으로써 채용 문화에 변화의 바람을 일으켰다. 이때 삼성직무적성검사(SSAT; SamSung Aptitude Test)를 도입, 단편적 지식과 학력 위주의 평가 방식에서 과감히 탈피했다.

20년 동안 채용을 진행하면서 입사 후 우수 직원들의 업무성과 요인 등을 분석한 결과 직군별 성과요인에 차이가 있었다. 또한 미래 경영환경의 변화와 글로벌 주요 기업들의 사례를 통해 창의적이고 우수한 인재를 효과적으로 확보할 필요성이 생겼다. 이에 삼성은 2015년 하반기 공채부터 시험 위주의 획일적 채용방식을 직군별로 다양화하는 방향으로 채용제도를 개편했다. 이와 더불어 SSAT(국내)와 GSAT(해외)로 혼재되어 사용하던 삼성 직무적성검사의 명칭을 GSAT(Global Samsung Aptitude Test)로 통일시켰다.

실제 삼성직무적성검사 기출문제를 살펴보면 평소 꾸준히 준비하지 않는 이상 쉽게 통과 할 수 없도록 구성되어 있다. 더군다나 입사 경쟁이 날이 갈수록 치열해지는 요즘과 같은 상황에서는 더욱 철저한 준비가 요구된다. '철저한 준비'는 단지 입사를 위해서뿐만 아니라 성공적인 직장생활을 위해서도 필수적이다.

이에 시대에듀는 수험생들이 GSAT에 대해 '철저한 준비'를 할 수 있도록 다음과 같이 교재를 구성하였으며, 이를 통해 단기간에 성적을 올릴 수 있는 학습법을 제시하였다.

도서의 특징

❶ 수리/추리/지각 총 3개의 출제영역으로 구성된 모의고사 4회분을 수록하여 매일 1회씩 풀며 시험 전 4일 동안 자신의 실력을 최종적으로 점검할 수 있도록 하였다.

❷ 전 회차에 도서 동형 온라인 실전연습 서비스를 제공하여 실제로 온라인 시험에 응시하는 것처럼 연습할 수 있도록 하였다.

❸ 온라인 모의고사 2회분을 더해 부족한 부분을 추가적으로 학습할 수 있도록 하였다.

끝으로 본서가 GSAT 4급 채용을 준비하는 여러분 모두에게 합격의 기쁨을 전달하기를 진심으로 기원한다.

SDC(Sidae Data Center) 씀

◇ 경영철학과 목표

1. 인재와 기술을 바탕으로

- 인재 육성과 기술 우위 확보를 경영 원칙으로 삼는다.
- 인재와 기술의 조화를 통하여 경영 시스템 전반에 시너지 효과를 증대한다.

2. 최고의 제품과 서비스를 창출하여

- 고객에게 최고의 만족을 줄 수 있는 제품과 서비스를 창출한다.
- 동종업계에서 세계 1군의 위치를 유지한다.

3. 인류사회에 공헌한다.

- 인류의 공동 이익과 풍요로운 삶을 위해 기여한다.
- 인류 공동체 일원으로서의 사명을 다한다.

◇ 핵심가치

인재제일	'기업은 사람이다.'라는 신념을 바탕으로 인재를 소중히 여기고 마음껏 능력을 발휘할 수 있는 기회의 장을 만들어 간다.
최고지향	끊임없는 열정과 도전정신으로 모든 면에서 세계 최고가 되기 위해 최선을 다한다.
변화선도	변화하지 않으면 살아남을 수 없다는 위기의식을 가지고 신속하고 주도적으로 변화와 혁신을 실행한다.
정도경영	곧은 마음과 진실되고 바른 행동으로 명예와 품위를 지키며 모든 일에 있어서 항상 정도를 추구한다.
상생추구	우리는 사회의 일원으로서 더불어 살아간다는 마음을 가지고 지역사회, 국가, 인류의 공동 번영을 위해 노력한다.

◇ **경영원칙**

법과 윤리적 기준을 준수한다.

- 개인의 존엄성과 다양성을 존중한다.
- 법과 상도의에 따라 공정하게 경쟁한다.
- 정확한 회계기록을 통해 회계의 투명성을 유지한다.
- 정치에 개입하지 않으며 중립을 유지한다.

깨끗한 조직 문화를 유지한다.

- 모든 업무활동에서 공과 사를 엄격히 구분한다.
- 회사와 타인의 지적 재산을 보호하고 존중한다.
- 건전한 조직 분위기를 조성한다.

고객, 주주, 종업원을 존중한다.

- 고객만족을 경영활동의 우선적 가치로 삼는다.
- 주주가치 중심의 경영을 추구한다.
- 종업원의 '삶의 질' 향상을 위해 노력한다.

환경 · 안전 · 건강을 중시한다.

- 환경친화적 경영을 추구한다.
- 인류의 안전과 건강을 중시한다.

기업 시민으로서 사회적 책임을 다한다.

- 기업 시민으로서 지켜야 할 기본적 책무를 성실히 수행한다.
- 사업 파트너와 공존공영의 관계를 구축한다.
- 현지의 사회 · 문화적 특성을 존중하고 공동 경영(상생/협력)을 실천한다.

신입사원 채용 안내 INFORMATION

◇ **모집시기**

연 1~2회 공채 및 수시 채용(시기 미정)

◇ **지원자격**

❶ 전문대 졸업 또는 졸업예정자
❷ 군복무 중인 자는 당해 연도 전역 가능한 자
❸ 해외여행에 결격사유가 없는 자

◇ **채용절차**

지원서 작성   서류전형   GSAT(직무적성검사)   면접전형   건강검진   최종합격

◇ **시험진행**

구분	영역	문항 수	제한시간
기초능력검사	수리능력검사	40문항	15분
	추리능력검사	40문항	20분
	지각능력검사	40문항	10분

※ 채용절차 및 전형은 채용유형과 직무, 시기 등에 따라 변동될 수 있으므로 반드시 채용공고를 확인하기 바랍니다.

2024년 기출분석 ANALYSIS

총평

2024년 GSAT 4급은 어렵지 않은 수준으로 출제되었다. 상대적으로 난도가 높았다는 수리 영역도 응용수리를 제외한 자료해석 유형은 수월하게 풀 수 있었다는 후기가 대부분이었다. 추리와 지각 영역은 매우 쉬웠다는 평이며, 기존의 유형을 크게 벗어나지 않은 시험이었다. 온라인으로 시행된 만큼 복잡한 풀이 과정을 요구하는 문제는 출제되지 않은 것으로 보인다. 또한 재능보다는 시간 안에 해결하려는 의지와 노력에 초점을 맞춘 시험이었다. 평소 수리 영역의 기본기를 다져 자신 있는 문제 위주로 풀어 나가는 습관을 들였다면 좋은 결과를 얻었으리라 본다.

◇ 영역별 출제비중

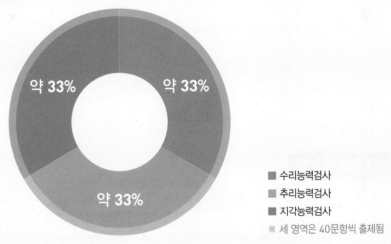

약 33% 약 33% 약 33%

- ■ 수리능력검사
- ■ 추리능력검사
- ■ 지각능력검사

※ 세 영역은 40문항씩 출제됨

◇ 영역별 출제특징

구분	영역	출제특징
기초능력검사	수리능력검사	• 사칙연산을 활용하여 빈칸에 들어갈 값을 찾는 문제 • 경우의 수, 확률 계산을 활용한 줄 세우기 문제 • 원 그래프를 활용한 문제
	추리능력검사	• 분수를 곱하여 빈칸에 들어갈 수를 추론하는 문제 • 주어진 자료를 활용하여 코드를 분석하고 조합하는 문제
	지각능력검사	• 뜻을 제시하고 그에 해당하는 단어를 찾는 문제 • 정육면체를 만들기 위해 추가로 필요한 블록의 개수를 구하는 문제

주요 생산직 적중 문제 TEST CHECK

삼성그룹 4급

20 다음 제시된 문자를 오름차순으로 나열하였을 때 4번째에 오는 문자는?

| Q O T ㄴ R ㅎ |

① T   ② ㅎ

③ Q   ④ ㄴ

21 다음 제시된 문자를 오름차순으로 나열하였을 때 2번째에 오는 문자는?

| ㅇ ㅁ ㅂ ㅅ ㄴ ㅊ |

① ㅁ   ② ㅅ

③ ㅇ   ④ ㅂ

포스코그룹 생산직

※ 서울시는 S ~ T구간에 수도관을 매설하려고 한다. 다음 그림에서 각 마디(Node)는 지점을, 가지(Link)는 지점 간의 연결 가능한 구간을, 가지 위의 숫자는 두 지점 간의 거리(m)를 나타낸다. 이어지는 질문에 답하시오. [3~5]

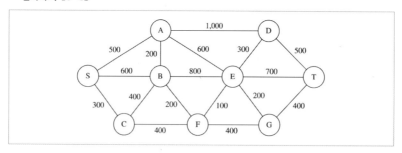

03 수도관 매설 공사를 총 지휘하고 있는 서울시 P소장은 S ~ T지점까지 최소 거리로 수도관 파이프 라인을 설치하여 수도관 재료비용을 절감하려고 한다. 수도관 재료 비용이 1m당 1만 원일 때, 최소 수도관 재료비용은?

① 1,200만 원   ② 1,300만 원

SK그룹 생산직

패턴이해 ▶ 도형추리

※ 다음 중 제시된 도형과 같은 것을 고르시오(단, 도형은 회전이 가능하다). [16~22]

16

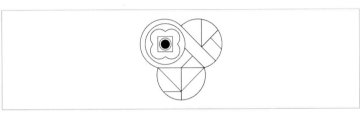

①

②

③

④

SK하이닉스 생산직

언어이해 ▶ 추론하기

54 다음 글을 읽고 추론한 내용으로 가장 적절한 것은?

무선으로 전력을 주고받으면, 전원을 직접 연결하는 유선보다 효율은 떨어지지만 전자 제품을 자유롭게 이동하며 사용할 수 있는 장점이 있다. 이처럼 무선으로 전력을 주고받을 수 있도록 전자기를 활용하여 전기를 공급하거나 이용하는 기술이 무선 전력 전송 방식인데 대표적으로 '자기 유도 방식'과 '자기 공명 방식' 두 가지를 들 수 있다.

자기 유도 방식은 변압기의 원리와 유사하다. 변압기는 네모 모양의 철심 좌우에 코일을 감아, 1차 코일에 '+, −' 극성이 바뀌는 교류 전류를 보내면 마치 자석을 운동시켜서 자기장을 형성하는 것처럼 1차 코일에서도 자기장을 형성한다. 이 자기장에 의해 2차 코일에 전류가 만들어지는데 이 전류를 유도전류라 한다. 변압기는 자기장의 에너지를 잘 전달할 수 있는 철심이 있으나, 자기 유도 방식은 철심이 없이 무선 전력 전송을 하는 것이다.

이러한 자기 유도 방식은 전력 전송 효율이 90% 이상으로 매우 높다는 장점이 있다. 하지만 1차 코일에 해당하는 송신부와 2차 코일에 해당하는 수신부가 수 센티미터 이상 떨어지거나 송신부와 수신부의 중심이 일치하지 않게 되면 전력 전송 효율이 급격히 저하된다는 문제점이 있다. 휴대전화 같은 경우, 충전 패드에 휴대전화를 올려놓는 방식으로 거리 문제를 해결하고 충전 패드 전체에 코일을 배치하여 송수신부 간 전송 효율을 높임으로써 무선 충전이 가능하도록 하였다. 다만 휴대전화는 직류 전류를 사용하기 때문에 1차 코일로부터 2차 코일에 유도된 교류 전류를 직류 전류로 변환해 주는 정류기가 충전 단계 전에 필요하다.

두 번째 전송 방식은 자기 공명 방식이다. 다양한 소리굽쇠 중에 하나를 두드리면 동일한 고유 진동수를 가지는 소리굽쇠가 같이 진동하는 물리적 현상이 공명이다. 자기장에 공명이 일어나도록 1차

학습플랜 STUDY PLAN

1일 차 학습플랜   1일 차 기출응용 모의고사

_____월 _____일

수리능력검사	추리능력검사	지각능력검사

2일 차 학습플랜   2일 차 기출응용 모의고사

_____월 _____일

수리능력검사	추리능력검사	지각능력검사

3일 차 학습플랜 — 3일 차 기출응용 모의고사

_____월 _____일

수리능력검사	추리능력검사	지각능력검사

4일 차 학습플랜 — 4일 차 기출응용 모의고사

_____월 _____일

수리능력검사	추리능력검사	지각능력검사

취약영역 분석 WEAK POINT

1일 차 취약영역 분석

시작 시간	:	종료 시간	:
풀이 개수	개	못 푼 개수	개
맞힌 개수	개	틀린 개수	개
취약영역 / 유형			
2일 차 대비 개선점			

2일 차 취약영역 분석

시작 시간	:	종료 시간	:
풀이 개수	개	못 푼 개수	개
맞힌 개수	개	틀린 개수	개
취약영역 / 유형			
3일 차 대비 개선점			

3일 차 취약영역 분석

시작 시간	:	종료 시간	:
풀이 개수	개	못 푼 개수	개
맞힌 개수	개	틀린 개수	개
취약영역 / 유형			
4일 차 대비 개선점			

4일 차 취약영역 분석

시작 시간	:	종료 시간	:
풀이 개수	개	못 푼 개수	개
맞힌 개수	개	틀린 개수	개
취약영역 / 유형			
시험일 대비 개선점			

이 책의 차례 CONTENTS

1일 차
기출응용 모의고사

〈문항 수 및 시험시간〉

삼성 온라인 GSAT 4급		
영역	문항 수	시험시간
수리능력검사	40문항	15분
추리능력검사	40문항	20분
지각능력검사	40문항	10분

삼성 온라인 GSAT 4급

1일 차 기출응용 모의고사

문항 수 : 120문항
시험시간 : 45분

제 1영역 수리능력검사

※ 다음 식을 계산한 값으로 옳은 것을 고르시오. [1~10]

01

$$0.8213+1.8124-2.4424$$

① 0.1913　　　　　　　② 0.1923
③ 0.1933　　　　　　　④ 0.1943

02

$$555-15\div3$$

① 550　　　　　　　② 555
③ 560　　　　　　　④ 565

03

$$457+55\times429\div33$$

① 1,142　　　　　　　② 1,152
③ 1,162　　　　　　　④ 1,172

04

$$42\div7\times10-5$$

① 50　　　　　　　② 55
③ 60　　　　　　　④ 65

05

$$71.6 \div 10 - \frac{4}{25}$$

① 6   ② 7
③ 8   ④ 9

06

$$12.5 + 69 \div 3$$

① 34.5   ② 35.5
③ 36.5   ④ 37.5

07

$$11.4 \div 10 - \frac{7}{50}$$

① 4   ② 3
③ 1   ④ 0

08

$$(6.5^2 - 3.7^2) \times \frac{1}{2.8}$$

① 9.1   ② 9.5
③ 10.1   ④ 10.2

09

$$90.9 \div 10 - \frac{9}{100}$$

① 6   ② 7
③ 8   ④ 9

10

$$15 + 75 \div 5 \div \frac{1}{5}$$

① 90　　　　　　　　　　　　　② 95

③ 100　　　　　　　　　　　　④ 105

11 A~H 8명의 후보 선수 중 4명을 뽑을 때, A, B, C를 포함하여 뽑을 확률은?

① $\dfrac{1}{14}$　　　　　　　　　　② $\dfrac{1}{5}$

③ $\dfrac{3}{8}$　　　　　　　　　　　④ $\dfrac{1}{2}$

12 평균연령이 30살인 팀에 25살인 신입이 들어와서 팀의 평균연령이 1살 어려졌다. 신입이 들어오기 전의 팀원 수는?

① 3명　　　　　　　　　　　　② 4명

③ 5명　　　　　　　　　　　　④ 6명

13 길이가 50cm인 빵이 있다. 이 빵을 2조각으로 나누었더니 긴 빵의 길이는 짧은 빵의 길이의 2배보다 5cm가 더 길었다. 이때 긴 빵의 길이는?

① 32cm　　　　　　　　　　　② 33cm

③ 34cm　　　　　　　　　　　④ 35cm

14 가로, 세로, 높이가 각각 39cm, 65cm, 91cm인 직육면체 모양의 벽이 있다. 최소한의 정육면체 타일로 이 벽을 채우고자 할 때, 정육면체 타일의 한 변의 길이는?

① 13cm

② 14cm

③ 15cm

④ 16cm

15 A와 B는 둘레가 2km인 호수 산책로를 돌며 운동하기로 했다. 산책로 입구에서 동시에 출발한 A와 B는 다른 방향으로 가면 5분 만에 다시 만나고, 같은 방향으로 가면 10분 만에 다시 만난다. 이때 A의 속력은? (단, A는 B보다 빠르다)

① 200m/min

② 300m/min

③ 400m/min

④ 500m/min

16 놀이기구를 타기 위해 줄을 서 있는 사람들을 놀이기구에 5명씩 탑승시키면 12명이 남고, 6명씩 탑승시키면 놀이기구 하나에는 2명이 타게 되고 놀이기구 1개가 빈다. 이때 줄을 서 있는 사람 수와 놀이기구 개수의 합은?

① 112

② 122

③ 133

④ 144

17 집에서 놀이터까지 가는 경우의 수는 4가지, 놀이터에서 학교까지 가는 경우의 수는 5가지이다. 또한 집에서 놀이터를 거치지 않고 학교까지 갈 수 있는 경우의 수는 2가지이다. 이때 집에서 학교까지 갈 수 있는 경우의 수는?

① 20가지

② 22가지

③ 26가지

④ 30가지

18 갑과 을 두 설문조사팀은 병의원 만족도 조사를 위해 각각 1,000명, 200명의 표본 집단을 대상으로 설문조사를 실시하였다. 총점 10점 만점에 각각 평균 5.5점, 7점이 나왔을 때, 이 두 집단의 전체 평균 만족도는?

① 3.75점   ② 4.75점
③ 5.75점   ④ 6.75점

19 아버지와 아들의 나이의 합은 나이의 차이의 2배이다. 아버지의 나이가 42세이면 아들의 나이는?

① 11세   ② 12세
③ 13세   ④ 14세

20 농도가 8%인 소금물 200g과 농도가 3%인 소금물 800g을 모두 섞었을 때, 소금물의 농도는?

① 3%   ② 4%
③ 5%   ④ 6%

21 꽃을 좋아하는 여자 친구를 위해 A씨는 장미꽃 7송이와 안개꽃 1송이를 샀다. A씨는 총 30,000원을 지불하였고 1,000원을 거슬러 받았다. 안개꽃이 4,500원이었을 때, 장미꽃 1송이의 가격은?

① 1,500원   ② 2,500원
③ 3,500원   ④ 4,500원

22 A가 혼자 하면 4일, B가 혼자 하면 6일 걸리는 일이 있다. A가 먼저 2일 동안 일을 하고 남은 양을 B가 혼자 끝내려 할 때, B가 혼자 일을 하는 기간은?

① 2일   ② 3일
③ 4일   ④ 5일

23 주머니에 흰 공 5개, 검은 공 3개가 들어있다. 이 주머니에서 공을 연속하여 2개 꺼낼 때, 모두 흰 공이거나 모두 검은 공일 확률은?(단, 꺼낸 공은 다시 넣지 않는다)

① $\dfrac{9}{28}$

② $\dfrac{11}{32}$

③ $\dfrac{13}{28}$

④ $\dfrac{15}{32}$

24 육상선수 갑, 을, 병 3명이 운동장을 각각 8분에 4바퀴, 9분에 3바퀴, 4분에 1바퀴를 돈다. 3명이 4시 30분에 같은 방향으로 동시에 출발하였다면, 출발점에서 다시 만나는 시각은?

① 4시 39분

② 4시 40분

③ 4시 41분

④ 4시 42분

25 상우는 사과와 감을 사려고 한다. 사과는 하나에 700원, 감은 하나에 400원일 때 10,000원을 가지고 과일을 총 20개 사려면 감은 최소 몇 개를 사야 하는가?

① 10개

② 12개

③ 14개

④ 16개

26 연속하는 세 자연수를 모두 더하면 114일 때, 가장 작은 자연수는?

① 36

② 37

③ 38

④ 39

27 다음은 유럽 3개국 수도의 30년간 인구수 변화를 나타낸 자료이다. 이에 대한 설명으로 옳지 않은 것은?

〈유럽 3개국 수도 인구수〉

(단위 : 천 명)

구분	1993년	2003년	2013년	2023년
A도시	9,725	10,342	10,011	9,860
B도시	6,017	8,305	12,813	20,384
C도시	30,304	33,587	35,622	38,001

① 2013년을 기점으로 인구수가 2번째로 많은 도시가 바뀐다.
② 세 도시 중 조사기간 동안 인구가 감소한 도시가 있다.
③ B도시는 조사기간 동안 언제나 세 도시 중 가장 높은 인구 증가율을 보인다.
④ 연도별 인구가 최소인 도시의 인구수 대비 인구가 최대인 도시의 인구수의 비는 계속 감소한다.

28 다음은 치료감호소 수용자 현황에 대한 표이다. 빈칸 (가) ~ (라)에 해당하는 수를 모두 더한 값은?

〈치료감호소 수용자 현황〉

(단위 : 명)

구분	약물	성폭력	심신장애자	합계
2019년	89	77	520	686
2020년	(가)	76	551	723
2021년	145	(나)	579	824
2022년	137	131	(다)	887
2023년	114	146	688	(라)
2024년	88	174	688	1,021

① 1,524
② 1,639
③ 1,751
④ 1,763

29 다음은 성별에 따른 사망 원인의 순위를 나타낸 자료이다. 이에 대한 설명으로 옳지 않은 것은?

〈성별에 따른 사망 원인 순위〉

남자 사망률(인구 10만 명당)	순위	여자 사망률(인구 10만 명당)
암 176.9	1위	101.9 암
뇌혈관 질환 54.7	2위	58.3 뇌혈관 질환
심장 질환 43.1	3위	43.6 심장 질환
자살 33.4	4위	20.5 당뇨병
간질환 23.3	5위	18.7 자살
운수사고 21.8	6위	12.7 고혈압성 질환
당뇨병 20.9	7위	11.5 만성하기도 질환
만성하기도 질환 18.2	8위	10.8 폐렴
폐렴 11.3	9위	7.7 운수사고
추락 6.7	10위	5.7 간질환

① 남녀 모두 암이 가장 높은 순위의 사망 원인이다.
② 암으로 사망할 확률은 남성이 여성보다 높다.
③ 뇌혈관 질환으로 사망할 확률은 남성이 여성보다 높다.
④ 간질환은 여성보다 남성에게 더 높은 순위의 사망 원인이다.

30 다음은 A, B국가의 사회이동에 따른 계층 구성 비율의 변화에 대한 표이다. 이에 대한 설명으로 옳은 것은?

〈2014년 사회이동에 따른 계층 구성 비율〉

구분	A국가	B국가
상층	7%	17%
중층	67%	28%
하층	26%	55%

〈2024년 사회이동에 따른 계층 구성 비율〉

구분	A국가	B국가
상층	18%	23%
중층	23%	11%
하층	59%	66%

① A국가의 상층 비율은 9%p 증가하였다.
② 두 국가의 중층 비율 증감 폭은 서로 같다.
③ A국가의 하층 비율 증가 폭은 B국가의 증가 폭보다 크다.
④ B국가에서는 가장 높은 비율을 차지하는 계층이 바뀌었다.

31 다음은 한국의 물가수준을 기준으로 연도별 각국의 물가수준을 비교한 표이다. 이에 대한 설명으로 옳지 않은 것은?

<연도별 각국의 물가수준 비교>

구분	2020년	2021년	2022년	2023년	2024년
한국	100	100	100	100	100
일본	217	174	145	129	128
프랑스	169	149	127	127	143
캐나다	138	124	126	114	131
미국	142	118	116	106	107
독일	168	149	128	128	139
헝가리	86	85	72	75	91
영국	171	145	127	132	141

① 2024년에 한국보다 물가수준이 높은 나라는 6개국이다.

② 2022 ~ 2023년의 한국과 프랑스의 물가변동률은 같다.

③ 영국은 항상 세 번째로 물가가 높은 나라이다.

④ 2023년과 2024년에 한국의 물가수준이 같다면, 2024년 일본의 물가는 전년에 비해 약간 하락하였다.

※ 다음은 2023 ~ 2024년 초등학교, 중학교, 고등학교를 대상으로 한 교육비 현황에 대한 자료이다. 이어지는 질문에 답하시오. [32~33]

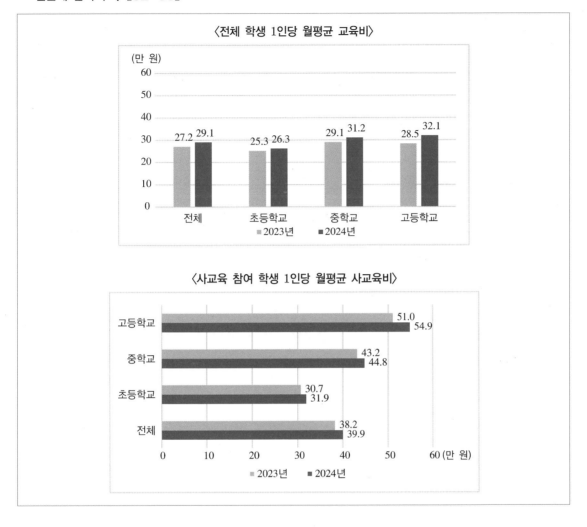

〈전체 학생 1인당 월평균 교육비〉

〈사교육 참여 학생 1인당 월평균 사교육비〉

32 2023년 전체 학생 수가 1,500명이고, 초등학생의 수는 800명이었다. 전체 학생의 월평균 총교육비 대비 초등학생의 월평균 총교육비의 비율은?(단, 비율은 소수점 둘째 자리에서 반올림한다)

① 44.7%　　　　　　　　　　　② 47.3%

③ 48.2%　　　　　　　　　　　④ 49.6%

33 2024년 중학교 전체 학생 수가 600명이고, 이 중 40%가 사교육에 참여한다고 한다. 중학교 전체 학생의 월평균 총교육비에서 중학교 사교육 참여 학생의 월평균 총사교육비가 차지하는 비중은?(단, 소수점 둘째 자리에서 반올림한다)

① 55.2%　　　　　　　　　　　② 57.4%

③ 62.5%　　　　　　　　　　　④ 66.8%

※ 다음은 한·미·일의 세계무역 수출입 통계에 대한 표이다. 이어지는 질문에 답하시오. [34~35]

<table>
<tr><th colspan="2" rowspan="2">구분</th><th colspan="3">국가</th></tr>
<tr><th>한국</th><th>미국</th><th>일본</th></tr>
<tr><td rowspan="5">수입액</td><td>2024년</td><td>436,499</td><td>2,241,663</td><td>647,989</td></tr>
<tr><td>2023년</td><td>525,514</td><td>2,347,684</td><td>812,222</td></tr>
<tr><td>2022년</td><td>515,585</td><td>2,268,370</td><td>832,343</td></tr>
<tr><td>2021년</td><td>519,584</td><td>2,276,267</td><td>886,036</td></tr>
<tr><td>2020년</td><td>524,375</td><td>2,207,955</td><td>854,998</td></tr>
<tr><td rowspan="5">수출액</td><td>2024년</td><td>526,744</td><td>1,504,572</td><td>624,801</td></tr>
<tr><td>2023년</td><td>572,651</td><td>1,620,483</td><td>690,213</td></tr>
<tr><td>2022년</td><td>559,625</td><td>1,578,429</td><td>714,613</td></tr>
<tr><td>2021년</td><td>547,861</td><td>1,545,802</td><td>798,620</td></tr>
<tr><td>2020년</td><td>555,400</td><td>1,482,483</td><td>822,564</td></tr>
</table>

〈한·미·일 세계무역 수출입 통계〉

(단위 : 백만 달러)

※ (무역액)=(수입액)+(수출액)

34 다음 중 수입액과 수출액의 전년 대비 증감 폭이 가장 큰 것은?

① 2024년 일본 수입   ② 2024년 미국 수입
③ 2023년 미국 수출   ④ 2022년 한국 수출

35 2025년 일본의 무역액이 전년 대비 12% 감소했다고 할 때, 2025년 일본의 무역액은?(단, 소수점 첫째
자리에서 반올림한다)

① 1,098,400백만 달러   ② 1,120,055백만 달러
③ 1,125,250백만 달러   ④ 1,263,760백만 달러

※ 다음은 연도별 평균 초혼·이혼·재혼 연령을 나타낸 표이다. 이어지는 질문에 답하시오. [36~37]

<표 제목>

〈연도별 평균 초혼·이혼·재혼 연령〉

(단위 : 세)

구분	2019년	2020년	2021년	2022년	2023년	2024년
평균 초혼 연령	26.8	28.7	29.1	30.0	31.8	32.6
평균 이혼 연령	40.7	41.5	42.8	44.0	45.9	47.2
평균 재혼 연령	41.1	41.9	42.5	44.4	45.7	46.8

36 다음 중 자료에 대한 설명으로 옳지 않은 것은?

① 평균 초혼·이혼·재혼 연령은 해마다 증가한다.
② 평균 초혼 연령대가 바뀐 연도는 2022년이다.
③ 전년 대비 평균 초혼 연령 증가량은 2021년이 2024년보다 낮다.
④ 연도별 평균 이혼 연령은 평균 재혼 연령보다 낮다.

37 다음 중 빈칸 (가) ~ (다)에 들어갈 내용으로 옳은 것은?

전년 대비 평균 초혼 연령이 가장 많이 증가한 해는 __(가)__ 년이고, 평균 이혼 연령은 __(나)__ 년, 평균 재혼 연령은 __(다)__ 년이다.

	(가)	(나)	(다)
①	2020	2020	2022
②	2020	2023	2022
③	2023	2020	2022
④	2023	2023	2022

38 다음은 2024년 경제자유구역 입주 사업체 투자재원조달 실태조사에 대한 표이다. 이에 대한 설명으로 옳은 것을 〈보기〉에서 모두 고르면?

〈경제자유구역 입주 사업체 투자재원조달 실태조사〉

(단위 : 백만 원, %)

구분		전체		국내투자		해외투자	
		금액	비중	금액	비중	금액	비중
국내재원	자체	4,025	57.2	2,682	52.6	1,343	69.3
	정부	2,288	32.5	2,138	42.0	150	7.7
	기타	356	5.0	276	5.4	80	4.2
	소계	6,669	94.7	5,096	100	1,573	81.2
해외재원	소계	365	5.3	–	–	365	18.8
합계		7,034	100	5,096	100	1,938	100

보기

ㄱ. 자체 재원조달금액 중 국내투자에 사용되는 금액이 차지하는 비중은 60%를 초과한다.
ㄴ. 해외재원은 모두 해외투자에 사용되고 있다.
ㄷ. 국내재원 중 정부조달금액이 차지하는 비중은 40%를 초과한다.
ㄹ. 국내재원 중 국내투자금액은 해외투자금액의 3배 미만이다.

① ㄱ, ㄴ   ② ㄱ, ㄷ
③ ㄴ, ㄷ   ④ ㄴ, ㄹ

※ 다음은 S카페의 커피 종류별 하루 평균 판매량 비율과 한 잔당 가격에 대한 그래프이다. 이어지는 질문에 답하시오. [39~40]

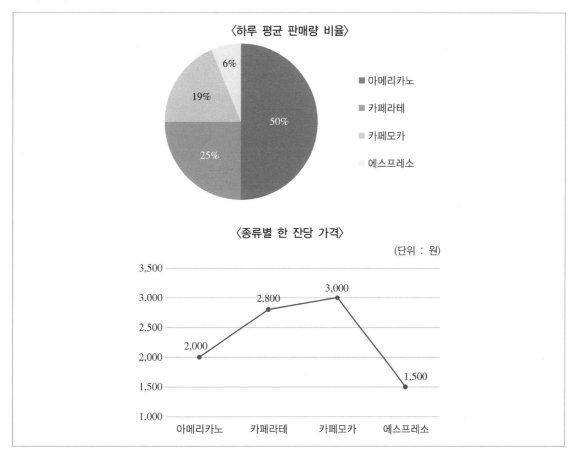

39 S카페가 하루 평균 200잔의 커피를 판매한다고 할 때, 카페라테는 에스프레소보다 하루에 몇 잔이 더 팔리는가?

① 38잔   ② 40잔
③ 41잔   ④ 42잔

40 S카페에서 오늘 총 180잔을 팔았다고 할 때, 아메리카노의 오늘 매출은?(단, 매출량은 하루 평균 판매량 비율을 따른다)

① 150,000원   ② 165,000원
③ 180,000원   ④ 200,000원

※ 다음 제시문을 읽고 각 문제가 항상 참이면 ①, 거짓이면 ②, 알 수 없으면 ③을 고르시오. [1~2]

- 신발장에 신발이 사이즈별로 220, 230, 240, 250, 260이 있다.
- A, B, C, D 중 같은 신발을 신는 사람은 없으며, 각 신발은 한 켤레이다.
- A는 250을 신는다.
- B는 C보다 작은 것을 신는다.
- D는 A보다 작은 것을 신는다.

01 B가 230 사이즈 신발을 신으면 D는 B보다 작은 것을 신는다.

① 참   ② 거짓   ③ 알 수 없음

02 220 사이즈 신발이 없어지면 C는 가장 큰 것을 신는다.

① 참   ② 거짓   ③ 알 수 없음

※ 다음 제시문을 읽고 각 문제가 항상 참이면 ①, 거짓이면 ②, 알 수 없으면 ③을 고르시오. [3~4]

- 민희, 나경, 예진, 재은, 이현 5명은 손 크기를 비교해 보았다.
- 민희는 나경이보다 손이 크다.
- 예진이는 재은이보다 손이 작다.
- 예진이는 나경이보다 손이 작다.
- 이현이는 재은이보다 손이 작지만 가장 작은 것은 아니다.

03 예진이가 손이 제일 작다.

① 참   ② 거짓   ③ 알 수 없음

04 이현이와 나경이는 손 크기가 거의 같다.

① 참   ② 거짓   ③ 알 수 없음

※ 다음 제시문을 읽고 각 문제가 항상 참이면 ①, 거짓이면 ②, 알 수 없으면 ③을 고르시오. [5~6]

- S회사의 건물은 5층이고 A ~ E 5개의 부서가 있으며, 각 부서는 한 층에 1개씩 위치하고 있다.
- A부서는 1층과 5층에 위치하고 있지 않다.
- B부서와 D부서는 인접하고 있다.
- A부서와 E부서 사이에 C부서가 위치하고 있다.
- A부서와 D부서는 인접하고 있지 않다.

05 B부서는 A부서보다 아래층에 있다.

① 참   ② 거짓   ③ 알 수 없음

06 A부서는 3층에 있다.

① 참   ② 거짓   ③ 알 수 없음

※ 제시문 A를 읽고, 제시문 B가 참인지 거짓인지 혹은 알 수 없는지 고르시오. [7~10]

07

[제시문 A]
- 미희는 매주 수요일마다 요가 학원에 간다.
- 미희가 요가 학원에 가면 항상 9시에 집에 온다.

[제시문 B]
미희가 9시에 집에 오는 날은 수요일이다.

① 참   ② 거짓   ③ 알 수 없음

08

[제시문 A]
• 보건용 마스크의 'KF' 뒤 숫자가 클수록 미세입자 차단 효과가 더 크다.
• 모든 사람들은 미세입자 차단 효과가 더 큰 마스크를 선호한다.

[제시문 B]
민호는 KF80의 보건용 마스크보다 KF94의 보건용 마스크를 선호한다.

① 참   ② 거짓   ③ 알 수 없음

09

[제시문 A]
• 사람에게서는 인슐린이라는 호르몬이 나온다.
• 인슐린은 당뇨병에 걸리지 않게 하는 호르몬이다.

[제시문 B]
인슐린이 제대로 생기지 않는 사람은 당뇨병에 걸리게 된다.

① 참   ② 거짓   ③ 알 수 없음

10

[제시문 A]
• 초콜릿을 좋아하는 사람은 사탕을 좋아한다.
• 젤리를 좋아하는 사람은 캐러멜을 좋아한다.
• 사탕을 좋아하지 않는 사람은 캐러멜을 좋아하지 않는다.

[제시문 B]
젤리를 좋아하는 사람은 사탕을 좋아한다.

① 참   ② 거짓   ③ 알 수 없음

※ 일정한 규칙으로 수를 나열할 때, 빈칸에 들어갈 알맞은 수를 고르시오. [11~21]

11

| | | 8 | 9 | 11 | 14 | 18 | (|) | |

① 21   ② 22
③ 23   ④ 24

12

| | | 4 | 8 | 1 | 2 | −5 | −10 | −17 | (|) | |

① 27   ② −27
③ 33   ④ −34

13

| | | −15 | −21 | −26 | −30 | −33 | −35 | (|) | |

① −36   ② −37
③ −38   ④ −39

14

| | | −28 | −21 | (|) | −14 | 0 | −7 | 14 | |

① −21   ② −14
③ −7   ④ 0

15

$\dfrac{2}{5}$	$\dfrac{16}{25}$	( )	$\dfrac{44}{625}$	$\dfrac{58}{3,125}$	$\dfrac{72}{15,625}$

① $\dfrac{30}{125}$ ② $\dfrac{25}{125}$

③ $\dfrac{30}{120}$ ④ $\dfrac{25}{120}$

16

$\dfrac{90}{70}$	$\dfrac{82}{78}$	$\dfrac{74}{86}$	$\dfrac{66}{94}$	$\dfrac{58}{102}$	( )

① $\dfrac{50}{108}$ ② $\dfrac{49}{109}$

③ $\dfrac{50}{110}$ ④ $\dfrac{49}{110}$

17

$\dfrac{27}{358}$	$\dfrac{30}{351}$	$\dfrac{32}{345}$	$\dfrac{33}{340}$	( )	$\dfrac{32}{333}$

① $\dfrac{35}{338}$ ② $\dfrac{34}{338}$

③ $\dfrac{33}{338}$ ④ $\dfrac{33}{336}$

18

-2	-0.4	-2.8	0.4	-3.6	( )

① -2.1 ② -1.3

③ -0.9 ④ 1.2

19

| 6 | 6 | 4 | 8 | 3 | 5 | 7 | 1 | 9 | 4 | 3 | ( ) |

① 10   ② 11
③ 12   ④ 13

20

| 8 | 2 | 4 | 1 | 3 | 3 | 2 | 1 | 2 | 6 | 2 | ( ) |

① 2   ② 4
③ 6   ④ 8

21

| 3 | 5 | 19 | 5 | 9 | ( ) | 7 | 11 | 71 |

① 39   ② 41
③ 43   ④ 45

※ 일정한 규칙으로 문자를 나열할 때, 빈칸에 들어갈 알맞은 문자를 고르시오(단, 모음은 일반 모음 10개만 세는 것을 기준으로 한다). [22~33]

22

| A | A | C | D | E | G | G | ( ) |

① J   ② K
③ L   ④ M

23

| A | B | D | H | P | ( ) |

① O   ② Y
③ E   ④ F

24

Y　T　P　M　K　(　)

① H　② I
③ J　④ K

25

ㅏ　ㄴ　ㅕ　ㅇ　ㅛ　(　)

① ㅛ　② ㄴ
③ ㅏ　④ ㄹ

26

ㅇ　ㄴ　ㅋ　ㅜ　ㅕ　(　)

① ㄹ　② ㅁ
③ ㅑ　④ ㅗ

27

ㅗ　ㅕ　ㅜ　ㅛ　ㅡ　(　)

① ㅏ　② ㅣ
③ ㅓ　④ ㅠ

28

A　二　ㅕ　H　P　(　)

① ㅍ　② J
③ F　④ 三

29

ㅏ ㄴ D H ㄴ ( )

① ㄹ   ② K
③ ㅠ   ④ ㅂ

30

F P ㅇ ㅕ B ( )

① T   ② ㄱ
③ K   ④ ㅠ

31

ㅁ N ㅜ ㅌ I ( )

① W   ② ㅜ
③ ㄴ   ④ J

32

E ㅂ ㄹ G ㅓ ( )

① H   ② ㅏ
③ ㅅ   ④ P

33

C ㅠ M ㄹ W ( )

① M   ② ㅔ
③ ㅎ   ④ ㄱ

※ S사는 의류 제품을 생산할 때 다음과 같은 방법으로 제품 코드를 부여한다. 이어지는 질문에 답하시오.
[34~37]

<의류 제품 코드>

• 제품 코드 부여 방식 : [성별] – [연령] – [계절] – [용도] – [유형] – [사이즈]
  예 MASUBT2L – 성인 남성의 여름용 정장 셔츠 L사이즈

• 성별

남성용	여성용	공용
M	W	U

• 연령

성인	주니어	아동	유아	영아
A	J	K	C	I

• 계절

춘추	여름	겨울	사계절
SS	SU	WI	FO

• 용도

캐주얼	정장	스포츠	홈웨어	이너웨어	기타
C	B	O	H	I	Z

• 유형

재킷	셔츠	티셔츠	후드티	니트	바지	치마	원피스
T1	T2	T3	T4	T5	T6	T7	T8

• 사이즈 : S, M, L, XL

34 다음 중 제품 코드가 'UKWIOT6M'인 제품에 대한 설명으로 적절한 것은?

① 남자 유아의 사계절용 이너웨어 바지 M사이즈
② 남자 아동의 사계절용 스포츠 바지 M사이즈
③ 남녀공용 아동의 겨울용 이너웨어 바지 M사이즈
④ 남녀공용 아동의 겨울용 스포츠 바지 M사이즈

35 T사의 총무팀에 근무 중인 김대리는 사내 체육대회를 위해 모든 임직원의 단체복을 제작하고자 한다. 김대리가 S사에 주문한 내용이 다음과 같을 때, S사가 생산한 단체복의 제품 코드로 옳은 것은?

안녕하세요. 이번에 저희 회사가 5월에 열리는 사내 체육대회에서 입을 성인용 단체 티셔츠를 제작하려고 합니다. 아무래도 모든 임직원이 입어야 하니까 성별 구분 없이 입을 수 있으면 좋겠어요. 사이즈는 남성이 여성보다 많으니까 조금 넉넉하게 L사이즈면 될 것 같아요. 이번 체육대회에는 모든 직원들이 참여하는 경기가 있으니까 이 점 고려하여 활동하기 편하도록 제작해주세요. 참, 요즘 날씨가 부쩍 따뜻한 데다가 8월에 있을 워크숍에서도 입을 수 있도록 여름용 소재로 제작해 주시면 좋겠어요.

① MJSSBT2L   ② MASUCT4L
③ UJSUCT3L   ④ UASUOT3L

36 다음 중 S사의 의류 제품 코드로 적절하지 않은 것은?

① MCWIIT6XL   ② MISSHT3M
③ WJSSUT3M   ④ WAFOCT6L

37 S사의 대리점은 여름 신상품을 입고하기 위해 본사로 다음과 같이 주문하였다. 본사가 대리점으로 발송해야 할 홈웨어와 이너웨어의 총개수는?

〈주문 내역서〉		
MASUOT3S	WASUZT8S	UASUCT6L
MJSUOT3M	WJSUHT7M	UJSUOT2M
MKSUHT6L	WKSUIT6XL	UKSUIT3XL
MCSUIT3M	WISUCT6S	UCSUZT3S

① 3개   ② 5개
③ 7개   ④ 8개

※ 다음은 복지대상자 분류 복지코드에 대한 자료이다. 이어지는 질문에 답하시오. **[38~40]**

복지코드는 복지대상자를 분류하기 위한 코드로 총 10자리로 이루어져 있으며, [복지분류] – [주제] – [대상] – [월평균소득] – [신청기관] – [신청방법] 순으로 부여한다.

복지분류	주제	대상
EN : 에너지바우처 HO : 영구임대주택공급 LA : 언어발달지원 ED : 정보화교육 JO : 직업훈련 · 일자리지원 UN : 대학생학자금융자 LO : 디딤돌대출 DE : 치매치료관리비 ME : 의료급여 DP : 장애인보조기구 CB : 출산비용보조	D : 교육 E : 고용 R : 주거 M : 의료 F : 금융 C : 문화 * 2개 이상 해당 시 임의로 하나만 입력함	0 : 영유아(만 5세 이하) 1 : 아동 · 청소년 2 : 여성 3 : 청년(만 65세 미만 성인) 4 : 노년(만 65세 이상) 5 : 장애인 6 : 다문화 7 : 한부모(미성년자녀) 8 : 기초생활수급자 9 : 저소득층 * 2개 이상 해당 시 임의로 하나만 입력함
월평균소득	신청기관	신청방법
N0 : 해당 없음 A1 : 50% 이하 A2 : 80% 이하 B1 : 100% 이하 B2 : 120% 이하 C1 : 150% 이하	00 : 시 · 군 · 구청 01 : 관할주민센터 02 : 보건소 03 : 위탁금융기관 04 : 고용지원센터	CA : 전화 VS : 방문 EM : 우편 ON : 온라인

※ 월평균소득은 복지대상자 전체소득 대비 비중을 기준으로 함

38 복지코드가 다음과 같을 때 이에 대한 설명으로 옳지 않은 것은?

ENR4A201VS

① 에너지바우처는 주거복지 사업에 해당된다.
② 복지대상자는 만 65세 이상인 노년층에만 해당한다.
③ 복지대상자의 월평균소득은 전체소득의 80% 이하에 해당한다.
④ 에너지바우처 사업은 관할주민센터를 통해 신청하는 사업이다.

39 다음은 복지대상자 A에 대한 설명이다. A의 복지코드로 옳은 것은?

> 만 5세 여아인 A는 월평균소득 120% 이하인 다문화가정 자녀로, 한국어 발달정도가 다소 낮은 편이다. 이에 A의 부모는 시·군·구청에서 지원하는 언어발달지원 교육을 온라인으로 신청하였다.

① LAD5B200ON
② LAD6B200ON
③ LAD7B200ON
④ LAC6B200ON

40 다음 〈보기〉에 제시된 복지코드 중 사용 가능한 것을 모두 고르면?

> **보기**
>
> ㄱ. EDOE3A201ON
> ㄴ. HOR4A100EM
> ㄷ. LOD3N103VS
> ㄹ. EDD4B204CA

① ㄱ, ㄴ
② ㄱ, ㄷ
③ ㄴ, ㄷ
④ ㄴ, ㄹ

※ 다음과 같은 모양을 만드는 데 사용된 블록의 개수를 고르시오(단, 보이지 않는 곳의 블록은 있다고 가정한다).
[1~14]

01

① 37개   ② 38개
③ 39개   ④ 40개

02

① 48개   ② 53개
③ 54개   ④ 60개

03

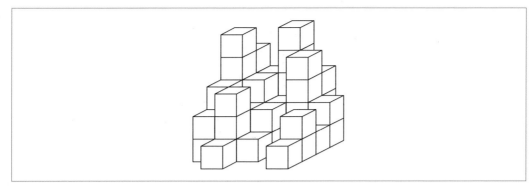

① 49개   ② 51개
③ 52개   ④ 55개

04

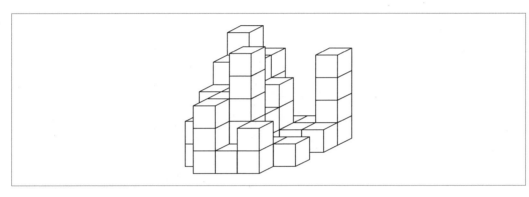

① 52개   ② 53개
③ 54개   ④ 55개

05

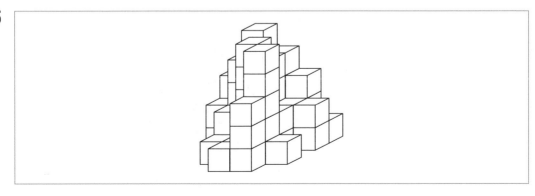

① 54개   ② 53개
③ 52개   ④ 51개

06

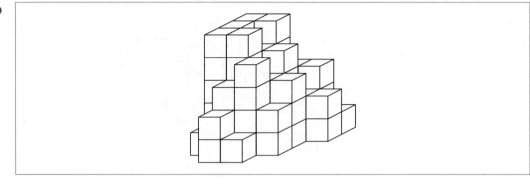

① 64개   ② 63개
③ 62개   ④ 61개

07

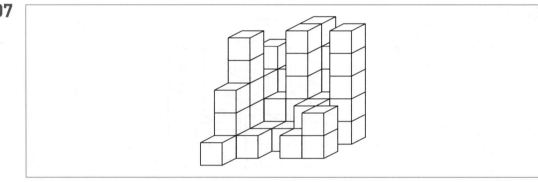

① 53개   ② 52개
③ 51개   ④ 50개

08

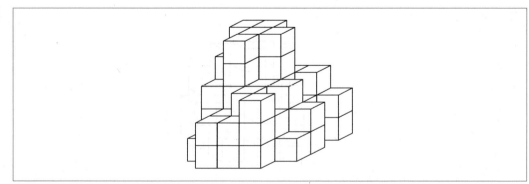

① 66개   ② 67개
③ 68개   ④ 69개

09

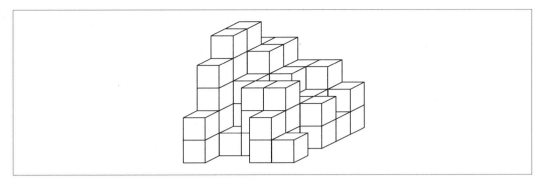

① 64개   ② 63개

③ 62개   ④ 61개

10

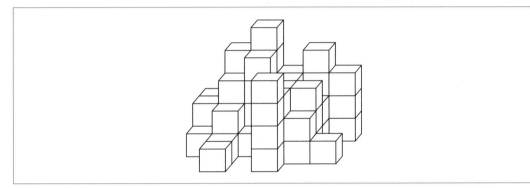

① 55개   ② 56개

③ 57개   ④ 58개

11

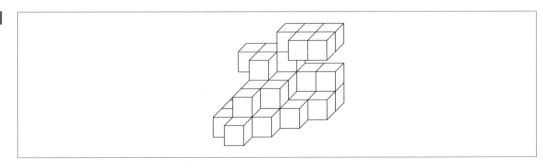

① 33개   ② 34개

③ 35개   ④ 36개

12

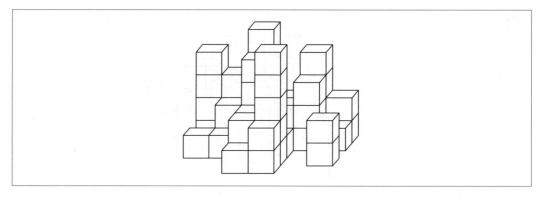

① 49개   ② 48개

③ 47개   ④ 46개

13

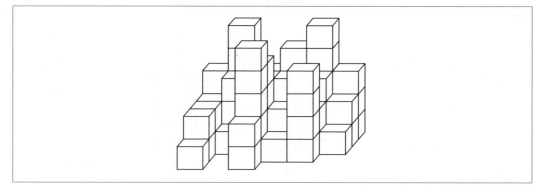

① 68개   ② 67개

③ 66개   ④ 65개

14

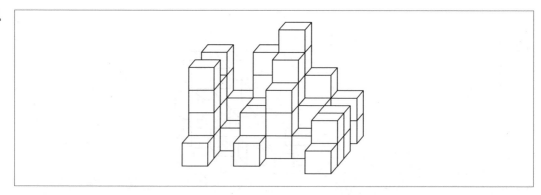

① 46개   ② 47개

③ 48개   ④ 49개

15 다음과 같이 쌓인 블록의 면의 개수를 구하면?(단, 밑면은 제외한다)

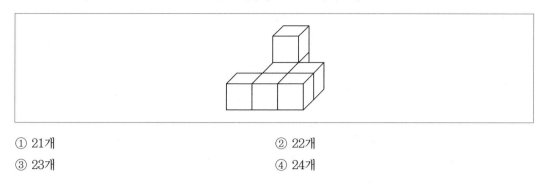

① 21개 ② 22개
③ 23개 ④ 24개

16 다음 제시된 문자를 오름차순으로 나열하였을 때 3번째에 오는 문자는?

ㅅ ㅁ R ㄷ K Y

① ㅅ ② ㄷ
③ R ④ K

17 다음 제시된 문자를 오름차순으로 나열하였을 때 4번째에 오는 문자는?

ㅍ L O J H ㅎ

① ㅍ ② ㅎ
③ H ④ L

18 다음 제시된 문자를 오름차순으로 나열하였을 때 4번째에 오는 문자는?(단, 모음은 일반모음 10개만 세는 것을 기준으로 한다)

A ㅠ ㅗ ㅑ G I

① ㅑ ② ㅗ
③ ㅠ ④ G

19 다음 제시된 문자를 오름차순으로 나열하였을 때 4번째에 오는 문자는?

M O K ㅊ ㅎ ㅌ

① M   ② O
③ K   ④ ㅊ

20 다음 제시된 문자를 오름차순으로 나열하였을 때 4번째에 오는 문자는?(단, 모음은 일반모음 10개만 세는 것을 기준으로 한다)

ㅗ D ㅓ F ㄴ ㅅ

① ㅅ   ② ㄴ
③ D   ④ ㅗ

21 다음 제시된 문자를 오름차순으로 나열하였을 때 3번째에 오는 문자는?

H O M L K G

① G   ② L
③ K   ④ H

22 다음 제시된 문자를 내림차순으로 나열하였을 때 5번째에 오는 문자는?

W J C ㅈ ㅌ T

① W   ② C
③ ㅈ   ④ ㅌ

23 다음 제시된 문자를 내림차순으로 나열하였을 때 4번째에 오는 문자는?

ㅛ ㅣ ㅠ ㅗ ㅏ ㅕ

① ㅛ   ② ㅗ
③ ㅏ   ④ ㅕ

24 다음 제시된 문자를 내림차순으로 나열하였을 때 3번째에 오는 문자는?

S	J	ㄹ	ㅍ	ㅋ	V

① V   ② ㅍ
③ S   ④ J

25 다음 제시된 문자를 내림차순으로 나열하였을 때 5번째에 오는 문자는?

ㅊ	ㄱ	D	E	G	ㅂ

① ㅂ   ② E
③ D   ④ G

26 다음 제시된 문자를 내림차순으로 나열하였을 때 4번째에 오는 문자는?(단, 모음은 일반모음 10개만 세는 것을 기준으로 한다)

ㅠ	ㅗ	F	D	ㅡ	ㄷ

① ㅗ   ② ㅠ
③ F   ④ D

27 다음 제시된 문자를 내림차순으로 나열하였을 때 4번째에 오는 문자는?(단, 모음은 일반모음 10개만 세는 것을 기준으로 한다)

ㅈ	ㅑ	E	ㅅ	C	ㅛ

① ㅛ   ② ㅅ
③ E   ④ C

※ 다음 제시된 단어에서 공통으로 연상할 수 있는 단어를 고르시오. [28~32]

28

고집 전화 다리	

① 쟁이   ② 수신
③ 불통   ④ 교량

29

가을 나무 파이	

① 고구마   ② 케이크
③ 복숭아   ④ 사과

30

캥거루 코알라 딩고	

① 가축   ② 인도네시아
③ 파푸아뉴기니   ④ 야생동물

31

부족 열대 IT	

① 그리스 신화   ② 전사
③ 나일강   ④ 아마존

32

탱고 줌바 맘보	

① 그림   ② 춤
③ 음식   ④ 종교

※ 〈보기〉의 사자성어에 해당하는 풀이를 고르시오. [33~36]

> **보기**
>
> ① 管鮑之交(관포지교)　　　　② 敎學相長(교학상장)
>
> ③ 立身揚名(입신양명)　　　　④ 守株待兔(수주대토)

33

고지식하고 융통성이 없어 구습과 전례만 고집한다

①　　　　　　②　　　　　　③　　　　　　④

34

매우 다정하고 허물없는 친구 사이

①　　　　　　②　　　　　　③　　　　　　④

35

가르치고 배우는 과정에서 스승과 제자가 함께 성장한다

①　　　　　　②　　　　　　③　　　　　　④

36

사회적으로 인정받고 유명해진다

①　　　　　　②　　　　　　③　　　　　　④

※ 〈보기〉의 사자성어에 해당하는 풀이를 고르시오. [37~40]

> **보기**
> ① 溫故知新(온고지신) ② 事必歸正(사필귀정)
> ③ 漁夫之利(어부지리) ④ 過猶不及(과유불급)

37

제3자가 이익을 가로챔

①   ②   ③   ④

38

옛것을 익히고 그것을 미루어서 새것을 앎

①   ②   ③   ④

39

정도를 지나치면 미치지 못한 것과 같다

①   ②   ③   ④

40

무슨 일이든 결국 옳은 이치대로 돌아간다

①   ②   ③   ④

2일 차
기출응용 모의고사

〈문항 수 및 시험시간〉

삼성 온라인 GSAT 4급		
영역	문항 수	시험시간
수리능력검사	40문항	15분
추리능력검사	40문항	20분
지각능력검사	40문항	10분

2일 차 기출응용 모의고사

문항 수 : 120문항
시험시간 : 45분

제 1 영역 수리능력검사

※ 다음 식을 계산한 값으로 옳은 것을 고르시오. [1~10]

01

$$455 \div 7 + 6 \times 31$$

① 248   ② 249
③ 250   ④ 251

02

$$56 \div 7 + 10 \times 25$$

① 255   ② 256
③ 257   ④ 258

03

$$120 - 50 \div 5 \times 6$$

① 50   ② 60
③ 70   ④ 80

04

$$10 \times 10^2 \times 10^2 \times 10^3$$

① 10^6 ② 10^7

③ 10^8 ④ 10^9

05

$$206 + 644 + 677$$

① 1,447   ② 1,467

③ 1,517   ④ 1,527

06

$$525 \div 15 - 5 + 20$$

① 40   ② 45

③ 50   ④ 55

07

$$88 \div 8 \times 10 \times \frac{1}{5}$$

① 21   ② 22

③ 23   ④ 24

08

$$90 \times \frac{1}{3} - 9 \times 0.1$$

① 29.1   ② 29.3

③ 29.5   ④ 29.7

09

$$1,113 \div 371 + 175$$

① 178   ② 188

③ 189   ④ 199

10

$$20 + 4 \div \frac{1}{5} \div 2$$

① 30   ② 40

③ 50   ④ 60

11 민우, 현호, 용재, 경섭, 진수 5명이 일렬로 줄을 설 때 양 끝에 현호와 진수가 서게 될 확률은 $\frac{b}{a}$ 이다. $a+b$는?(단, a와 b는 서로소이다)

① 9   ② 10

③ 11   ④ 12

12 S사의 작년 사원 수는 500명이었다. 올해 남자 사원 수가 작년보다 10% 감소했고, 여자 사원 수는 40% 증가하였다. 전체 사원 수는 작년보다 8% 늘었을 때, 작년 남자 사원 수는?

① 280명   ② 300명

③ 315명   ④ 320명

13 올해 현식이는 아버지와 18살 차이가 나는데, 4년 후에는 아버지의 나이가 4년 후 현식이 나이의 3배가 된다. 올해 기준으로 2년 전 현식이의 나이는?

① 3세 ② 6세

③ 9세 ④ 12세

14 가로가 56cm이고 가로, 세로의 비율이 4 : 3인 타일을 붙여서 정사각형으로 된 타일을 만들었다. 만들어진 타일의 한 변의 길이는?

① 120cm ② 128cm

③ 168cm ④ 208cm

15 길이가 800m인 다리에 기차가 진입하는 순간부터 다리를 완전히 벗어날 때까지 걸린 시간은 36초였다. 기차의 속력은?(단, 기차의 길이는 100m이다)

① 60km/h ② 70km/h

③ 80km/h ④ 90km/h

16 등산 동아리 회원들은 경주로 놀러가기 위해 숙소를 예약하였다. 방 1개에 회원을 6명씩 배정하면 12명이 남으며, 7명씩 배정하면 1개의 방에는 6명이 배정되고 2개의 방이 남는다. 이때 등산 동아리에서 예약한 방의 총개수는?

① 25개 ② 26개

③ 27개 ④ 28개

17 A, B 주사위 2개를 동시에 던졌을 때, A에서 2 또는 4의 눈이 나오고, B에서 홀수가 나오는 경우의 수는?

① 4가지   ② 5가지

③ 6가지   ④ 7가지

18 온라인 쇼핑몰에서 두 유형의 설문조사를 실시하였다. A형 설문조사에는 2,000명이 응하였고 만족도는 평균 8점이었으며, B형 설문조사에는 500명이 응하였고 만족도는 평균 6점이었다. A, B형 설문조사 전체 평균 만족도는?

① 7.6점   ② 7.8점

③ 8.0점   ④ 8.2점

19 하나에 700원짜리 무와 1,200원짜리 감자를 섞어서 15개를 샀다. 지불한 총금액이 14,500원일 때, 구입한 무의 개수는?

① 6개   ② 7개

③ 8개   ④ 9개

20 농도 6%의 소금물 700g에서 한 컵의 소금물을 퍼내고, 퍼낸 양만큼 농도 13%의 소금물을 넣었더니 농도 9%의 소금물이 되었다. 이때 퍼낸 소금물의 양은?

① 300g   ② 320g

③ 350g   ④ 390g

21 원가가 5,000원인 물건을 25% 인상한 가격으로 판매하였으나, 잘 판매되지 않아 다시 10%를 인하하여 팔았다. 물건 4개를 판매하였을 때의 판매이익은?

① 2,000원　　　　　　　　　　　　② 2,500원
③ 3,000원　　　　　　　　　　　　④ 3,500원

22 같은 미용실에 다니고 있는 A와 B는 일요일에 미용실에서 마주쳤다. 서로 마주친 이후 A는 10일 간격으로 미용실에 방문했고, B는 16일마다 미용실에 방문했다. 두 사람이 다시 미용실에서 만났을 때는?

① 월요일　　　　　　　　　　　　② 화요일
③ 수요일　　　　　　　　　　　　④ 목요일

23 상품 1개를 정가대로 판매하면 개당 600원의 이익을 얻는다. 정가의 20%를 할인하여 6개 판매한 매출액은 정가에서 400원씩 할인하여 8개를 판매한 것과 같다고 할 때, 이 상품의 정가는?

① 500원　　　　　　　　　　　　② 700원
③ 900원　　　　　　　　　　　　④ 1,000원

24 어른과 청소년을 합하여 30명이 영화 관람을 하기로 했다. 어른의 영화 티켓 가격은 11,000원이고, 청소년의 영화 티켓 가격은 어른의 60%이다. 총 264,000원의 금액을 지불하였을 때, 영화를 본 어른의 인원수는?

① 13명　　　　　　　　　　　　② 14명
③ 15명　　　　　　　　　　　　④ 16명

25 가로, 세로의 길이가 각각 20cm, 15cm인 직사각형이 있다. 가로의 길이를 줄여서, 직사각형의 넓이를 반 이하로 줄이려 한다. 줄여야 하는 가로의 최소 길이는?

① 8cm   ② 10cm

③ 12cm   ④ 14cm

26 A ~ E는 모두 한 팀이며, A, C의 평균값은 20이고, B, D, E의 평균값은 40이다. 이때 팀 전체 평균값은?

① 30   ② 31

③ 32   ④ 33

27 다음은 2024년 하반기 고령자 고용동향에 대한 표이다. 빈칸 (가)에 들어갈 수치로 옳은 것은?(단, 각 수치는 전월 대비 일정한 규칙에 따라 변화한다)

〈2024년 하반기 고령자 고용동향〉

(단위 : 천 명, %)

구분	7월	8월	9월	10월	11월	12월
생산가능인구	36,788	36,796	36,786	36,786	36,782	36,788
고령 생산가능인구 비중	21	21	21.1	21.1	21.2	21.2
고령자 경제활동 참가율	64.1	65.3	66.5	67.7	(가)	70.1
고령자 고용률	67.3	66.9	67.2	67.4	67.2	66.1
고령자 실업률	2.8	3.2	3	2.7	2.7	2.8

※ 생산가능인구 연령 : 15 ~ 64세

① 64.5   ② 65.9

③ 67.7   ④ 68.9

28 다음은 병역자원 현황에 대한 표이다. 총지원자수에 대한 2017·2018년 평균과 2023·2024년 평균의 차이는?

〈병역자원 현황〉

(단위 : 만 명)

구분	2017년	2018년	2019년	2020년	2021년	2022년	2023년	2024년
합계	826.9	806.9	783.9	819.2	830.8	826.2	796.3	813.0
징·소집대상	135.3	128.6	126.2	122.7	127.2	130.2	133.2	127.7
보충역 복무자 등	16.0	14.3	11.6	9.5	8.9	8.6	8.6	8.9
병력동원 대상	675.6	664.0	646.1	687.0	694.7	687.4	654.5	676.4

① 11.25만 명
② 11.75만 명
③ 12.25만 명
④ 12.75만 명

29 다음은 경제활동 참가율에 대한 표이다. 이에 대한 설명으로 옳지 않은 것은?

〈경제활동 참가율〉

(단위 : %)

구분	2019년	2020년	2021년	2022년	2023년					2024년
					연간	1분기	2분기	3분기	4분기	1분기
경제활동 참가율	61.8	61.5	60.8	61.0	61.1	59.9	62.0	61.5	61.1	60.1
남성	74.0	73.5	73.1	73.0	73.1	72.2	73.8	73.3	73.2	72.3
여성	50.2	50.0	49.2	49.4	49.7	48.1	50.8	50.1	49.6	48.5

① 2024년 1분기 경제활동 참가율은 60.1%로 전년 동기 대비 0.2%p 상승했다.
② 2024년 1분기 여성 경제활동 참가율은 남성에 비해 낮은 수준이나, 전년 동기에 비해 0.4%p 상승했다.
③ 남녀 경제활동 참가율의 합이 가장 높았던 때는 2023년 2분기이다.
④ 남녀 모두 경제활동 참가율이 가장 높았던 때와 가장 낮았던 때의 차이는 2%p 이하이다.

30 다음은 연도별 황사 발생횟수와 지속일수에 대한 자료이다. 이에 대한 설명으로 옳지 않은 것은?

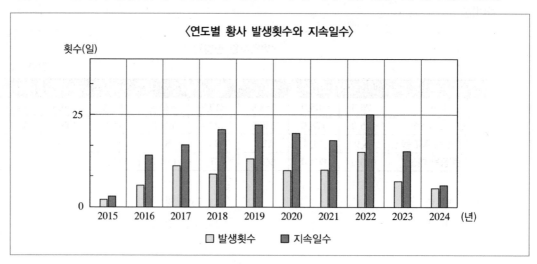

① 황사의 지속일수는 2022년에 25일로 가장 높았다.
② 황사의 발생횟수는 2017년에 최고치를 기록했다.
③ 2022년 이후 연도별 황사 발생횟수는 감소하는 추세이다.
④ 2022년 이후 연도별 황사 지속일수는 감소하는 추세이다.

31 다음은 자동차 변속기의 부문별 경쟁력 점수를 국가별로 비교한 표이다. 이에 대해 잘못 설명한 직원을 〈보기〉에서 모두 고르면?

〈자동차 변속기 경쟁력 점수의 국가별 비교〉

부문 \ 국가	A국	B국	C국	D국	E국
변속감	98	93	102	80	79
내구성	103	109	98	95	93
소음	107	96	106	97	93
경량화	106	94	105	85	95
연비	105	96	103	102	100

※ 각국의 전체 경쟁력 점수는 각 부문 경쟁력 점수의 총합으로 구함

> **보기**
>
> 김사원 : 전체 경쟁력 점수는 E국보다 D국이 더 높습니다.
> 박과장 : 경쟁력 점수가 가장 높은 부문과 가장 낮은 부문의 차이가 가장 큰 국가는 D국이고, 가장 작은 국가는 C국입니다.
> 최대리 : C국을 제외한다면 각 부문에서 경쟁력 점수가 가장 높은 국가와 가장 낮은 국가의 차이가 가장 큰 부문은 내구성이고, 가장 작은 부문은 변속감입니다.
> 오사원 : 내구성 부문에서 경쟁력 점수가 가장 높은 국가와 경량화 부문에서 경쟁력 점수가 가장 낮은 국가는 동일합니다.
> 정과장 : 전체 경쟁력 점수는 A국이 가장 높습니다.

① 김사원, 박과장, 최대리
② 김사원, 최대리, 오사원
③ 김사원, 최대리, 정과장
④ 박과장, 오사원, 정과장

※ 다음은 주요 산업국의 연도별 연구개발비 추이에 대한 자료이다. 이어지는 질문에 답하시오. [32~33]

〈주요 산업국 연도별 연구개발비 추이〉

(단위 : 백만 달러)

구분	2019년	2020년	2021년	2022년	2023년	2024년
한국	23,587	28,641	33,684	31,304	29,703	37,935
중국	29,898	37,664	48,771	66,430	84,933	–
일본	151,270	148,526	150,791	168,125	169,047	–
독일	69,317	73,737	84,148	97,457	92,552	92,490
영국	39,421	42,693	50,016	47,138	40,291	39,924
미국	325,936	350,923	377,594	403,668	401,576	–

〈2023년 연구개발비 분포〉

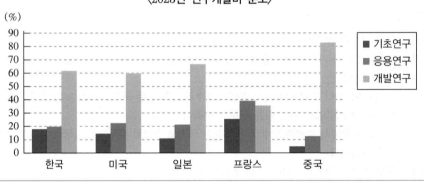

32 2023년 미국의 개발연구비는 한국의 응용연구비의 몇 배인가?(단, 소수점 둘째 자리에서 반올림한다)

① 40.2배   ② 40.4배

③ 40.6배   ④ 41.2배

33 다음 〈보기〉에서 2023년 연구개발비 분포 자료에 대한 설명으로 옳은 것을 모두 고르면?

> **보기**
> ㄱ. 기초연구비 비율이 가장 높은 나라가 응용연구비 비율도 가장 높다.
> ㄴ. 개발연구비 비율이 가장 높은 나라와 가장 낮은 나라의 비율 차이보다 기초연구비 비율이 가장 높은 나라와 가장 낮은 나라의 비율 차이가 더 크다.
> ㄷ. 기초연구비 비율이 두 번째로 높은 나라가 개발연구비 비율도 두 번째로 높다.

① ㄱ   ② ㄷ

③ ㄱ, ㄴ   ④ ㄴ, ㄷ

※ 다음은 S초등학교 남학생과 여학생의 도서 선호 분야에 대한 그래프이다. 이어지는 질문에 답하시오. **[34~35]**

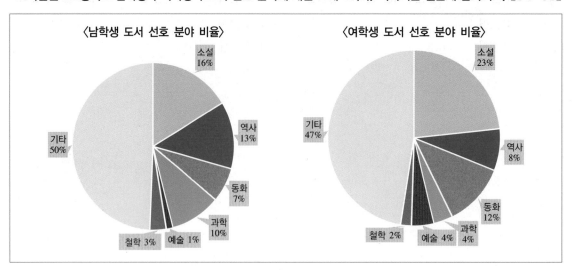

〈남학생 도서 선호 분야 비율〉

소설 16%
역사 13%
동화 7%
과학 10%
예술 1%
철학 3%
기타 50%

〈여학생 도서 선호 분야 비율〉

소설 23%
역사 8%
동화 12%
과학 4%
예술 4%
철학 2%
기타 47%

34 S초등학교 남학생 470명, 여학생 450명을 대상으로 조사했다면, 남학생과 여학생 중에서 과학 분야를 선호하는 총학생 수는?

① 60명
② 65명
③ 70명
④ 75명

35 기타를 제외한 도서 선호 분야에서 남학생과 여학생 각각 가장 낮은 비율을 차지하는 분야의 학생 수를 구하려고 한다. 해당하는 분야의 총학생 수의 10배는?(단, 조사대상 인원은 남학생 500명, 여학생 450명이다)

① 104명
② 115명
③ 126명
④ 140명

※ 다음은 의료보장별 심사실적에 대한 표이다. 이어지는 질문에 답하시오. [36~37]

〈의료보장별 심사실적〉

(단위 : 천 건, 억 원)

구분		2023년 상반기		2024년 상반기	
		청구건수	진료비	청구건수	진료비
건강보험	입원	7,056	101,662	7,571	111,809
	외래	690,999	185,574	704,721	200,886
의료급여	입원	1,212	15,914	1,271	17,055
	외래	35,634	13,319	38,988	15,366
보훈	입원	35	728	17	418
	외래	1,865	1,250	1,370	940
자동차보험	입원	466	4,984	479	5,159
	외래	6,508	2,528	7,280	3,036

36 전년 동기 대비 2024년 상반기 보훈 분야의 전체 청구건수의 감소율은?

① 21% ② 23%

③ 25% ④ 27%

37 2024년 상반기 입원 진료비 중 세 번째로 비싼 분야의 진료비는 전년 동기보다 얼마나 증가하였나?

① 175억 원 ② 165억 원

③ 155억 원 ④ 145억 원

※ 다음은 한 설문조사 전문 업체에서 조사한 남녀 흡연율에 대한 표이다. 이어지는 질문에 답하시오. [38~39]

〈흡연율 현황〉

(단위 : %)

구분	남자	여자	전체
흡연율	68	54	60

38 설문조사에 참여한 남자 인원은 여자 인원의 몇 배인가?

① 0.25배   ② 0.5배

③ 0.75배   ④ 1.25배

39 설문조사 참여자 중 남자 흡연자 수는 여자 흡연자 수의 몇 배인가?

① $\frac{29}{54}$ 배   ② $\frac{31}{54}$ 배

③ $\frac{47}{54}$ 배   ④ $\frac{51}{54}$ 배

40 다음은 특정 기업 47개를 대상으로 한 제품전략, 기술개발 종류 및 기업형태별 기업 수에 대한 표이다. 이에 대한 설명으로 옳은 것은?

〈제품전략, 기술개발 종류 및 기업형태별 기업 수〉

(단위 : 개)

제품전략	기술개발 종류	기업형태	
		벤처기업	대기업
시장견인	존속성 기술	3	9
	와해성 기술	7	8
기술추동	존속성 기술	5	7
	와해성 기술	5	3

※ 각 기업은 한 가지 제품전략을 취하고 한 가지 종류의 기술을 개발함

① 와해성 기술을 개발하는 기업 중에는 벤처기업의 비율이 대기업의 비율보다 낮다.

② 벤처기업 중에서 기술추동전략을 취하는 비율은 시장견인전략을 취하는 비율보다 높다.

③ 존속성 기술을 개발하는 기업의 비율이 와해성 기술을 개발하는 기업의 비율보다 높다.

④ 기술추동전략을 취하는 기업 중에는 존속성 기술을 개발하는 비율이 와해성 기술을 개발하는 비율보다 낮다.

※ 다음 제시문을 읽고 각 문제가 항상 참이면 ①, 거짓이면 ②, 알 수 없으면 ③을 고르시오. [1~2]

- 편의점에서 일하는 5명의 직원은 모두 다른 요일에 쉰다.
- 화요일에 쉬는 직원은 남자이고, 수요일에 쉬는 직원은 여자이다.
- 연속된 3일(금, 토, 일) 중에서 모든 직원이 일하는 날은 최대 하루이다.
- 연속된 4일(목, 금, 토, 일) 중에서 여직원이 쉬는 날은 최소 하루이다.
- 모든 직원은 반드시 일주일 중 하루를 쉰다.

01 편의점에서 일하는 여직원은 2명 이상이다.

① 참   ② 거짓   ③ 알 수 없음

02 토요일과 일요일 중 남직원이 쉬는 날은 최소 하루이다.

① 참   ② 거짓   ③ 알 수 없음

※ 다음 제시문을 읽고 각 문제가 항상 참이면 ①, 거짓이면 ②, 알 수 없으면 ③을 고르시오. [3~4]

- 6명의 친구가 달리기를 했다.
- A는 3등으로 들어왔다.
- B는 꼴찌로 들어왔다.
- C는 E 바로 앞에 들어왔다.
- D는 F 바로 앞에 들어왔다.

03 D가 4등이라면 E는 2등일 것이다.

① 참   ② 거짓   ③ 알 수 없음

04 C는 1등으로 들어왔다.

① 참   ② 거짓   ③ 알 수 없음

※ 다음 제시문을 읽고 각 문제가 항상 참이면 ①, 거짓이면 ②, 알 수 없으면 ③을 고르시오. [5~6]

- 총무팀 A사원은 인사팀 B사원보다 낮은 층에서 근무한다.
- 인사팀 B사원은 영업팀 C사원보다 높은 층에서 근무한다.
- 영업팀 C사원은 D사원과 같은 층에서 근무한다.
- 기획팀 E사원은 A사원과 D사원보다 낮은 층에서 근무한다.

05 D사원은 영업팀이다.

    ① 참   ② 거짓   ③ 알 수 없음

06 B사원이 가장 높은 층에서 근무한다.

    ① 참   ② 거짓   ③ 알 수 없음

※ 제시문 A를 읽고, 제시문 B가 참인지 거짓인지 혹은 알 수 없는지 고르시오. [7~10]

07

[제시문 A]
- 소꿉놀이를 좋아하는 아이는 수영을 좋아하지 않는다.
- 공놀이를 좋아하지 않는 아이는 장난감 로봇을 좋아한다.
- 공놀이를 좋아하는 아이는 소꿉놀이를 좋아하지 않는다.

[제시문 B]
장난감 로봇을 좋아하지 않는 아이는 소꿉놀이를 좋아하지 않는다.

    ① 참   ② 거짓   ③ 알 수 없음

08

[제시문 A]
- 다리가 아픈 모든 사람은 계단을 빨리 오르지 못한다.
- 계단을 빨리 오르지 못하는 모든 사람은 평소에 운동을 하지 않는 사람이다.

[제시문 B]
평소에 운동을 하는 사람은 다리가 아프지 않다.

    ① 참   ② 거짓   ③ 알 수 없음

09

[제시문 A]
• 게으른 사람은 항상 일을 미룬다.
• 일을 미루는 사람은 목표를 달성하지 못한다.

[제시문 B]
목표를 달성하지 못한 사람은 게으른 사람이다.

① 참 　　　　　　② 거짓 　　　　　　③ 알 수 없음

10

[제시문 A]
• 미세먼지 가운데 $2.5\mu\mathrm{m}$ 이하의 입자는 초미세먼지이다.
• 초미세먼지는 호흡기에서 걸러낼 수 없다.

[제시문 B]
$2.4\mu\mathrm{m}$입자의 미세먼지는 호흡기에서 걸러낼 수 없다.

① 참 　　　　　　② 거짓 　　　　　　③ 알 수 없음

※ 일정한 규칙으로 수를 나열할 때, 빈칸에 들어갈 알맞은 수를 고르시오. [11~21]

11

$$125 \quad -25 \quad 5 \quad -1 \quad \frac{1}{5} \quad (\quad)$$

① $-\dfrac{1}{5}$ 　　　　　　② $-\dfrac{1}{25}$

③ $\dfrac{1}{25}$ 　　　　　　④ $\dfrac{1}{75}$

12

$$6 \quad 24 \quad 60 \quad 120 \quad (\quad) \quad 336 \quad 504 \quad 720$$

① 198 　　　　　　② 210

③ 256 　　　　　　④ 274

13

| 2 | 5 | 14 | 41 | 122 | ( ) |

① 364
② 365
③ 366
④ 367

14

| 1 | 2 | 4 | 7 | 8 | 10 | 13 | 14 | ( ) |

① 14.5
② 15
③ 15.5
④ 16

15

$$\frac{3}{5} \quad \frac{2}{5} \quad -\frac{3}{5} \quad -\frac{2}{5} \quad -\frac{7}{5} \quad -\frac{14}{15} \quad (\quad)$$

① $-\dfrac{29}{15}$
② $-\dfrac{18}{15}$
③ $-\dfrac{21}{15}$
④ $\dfrac{21}{15}$

16

$$1 \quad 2 \quad 3 \quad \frac{5}{2} \quad 9 \quad 3 \quad (\quad)$$

① $\dfrac{7}{2}$
② 7
③ $\dfrac{27}{2}$
④ 27

17

$$\frac{1}{2} \quad \frac{2}{3} \quad \frac{3}{4} \quad \frac{1}{2} \quad 1 \quad \frac{1}{3} \quad \frac{5}{4} \quad \frac{1}{6} \quad (\quad)$$

① $\frac{9}{2}$　　　　　　　② $\frac{7}{2}$

③ $\frac{5}{2}$　　　　　　　④ $\frac{3}{2}$

18

$$7 \quad 8 \quad 9.1 \quad 11.1 \quad 13.3 \quad 16.3 \quad 19.6 \quad 23.6 \quad (\quad)$$

① 28　　　　　　　② 28.3
③ 28.6　　　　　　④ 29.1

19

$$\underline{8 \quad 5 \quad 2} \quad \underline{7 \quad (\quad) \quad 2} \quad \underline{10 \quad 3 \quad 6}$$

① 6　　　　　　　② 5
③ 4　　　　　　　④ 3

20

$$\underline{3 \quad 8 \quad 25} \quad \underline{4 \quad 5 \quad 21} \quad \underline{5 \quad 6 \quad (\quad)}$$

① 27　　　　　　　② 28
③ 29　　　　　　　④ 31

21

$$\underline{6 \quad 4 \quad 4} \quad \underline{21 \quad 5 \quad 32} \quad \underline{19 \quad (\quad) \quad 10}$$

① 18　　　　　　　② 16
③ 14　　　　　　　④ 12

※ 일정한 규칙으로 문자를 나열할 때, 빈칸에 들어갈 알맞은 문자를 고르시오(단, 모음은 일반 모음 10개만 세는 것을 기준으로 한다). [22~32]

22

ㄱ	ㅏ	ㄹ	ㅓ	ㅅ	ㅗ	( )	

① ㅇ   ② ㅈ
③ ㅊ   ④ ㅋ

23

K	J	I	H	G	( )

① T   ② F
③ Q   ④ S

24

E	B	G	D	I	( )

① H   ② J
③ K   ④ L

25

ㅋ	ㅊ	ㅡ	ㅠ	ㅅ	( )

① ㄷ   ② ㅂ
③ ㅅ   ④ ㅈ

26

ㄷ	ㄹ	ㅂ	ㅊ	ㄹ	( )

① ㄱ   ② ㅅ
③ ㅁ   ④ ㅂ

27

ㅁ ㄴ ㅅ ㄹ ㅈ ( )

① ㄱ　　　　　　　② ㅊ
③ ㅇ　　　　　　　④ ㅋ

28

A ㄹ G ㅊ M ( )

① ㄴ　　　　　　　② ㅇ
③ ㄷ　　　　　　　④ 十

29

T Q ㅎ K 八 ( )

① 五　　　　　　　② B
③ ㅊ　　　　　　　④ 十

30

ㅌ J ㅇ F 四 ( )

① ㅠ　　　　　　　② E
③ 二　　　　　　　④ ㄷ

31

ㅍ ㅏ I ㅅ ㅗ ( )

① ㅂ　　　　　　　② ㄷ
③ P　　　　　　　④ ㅈ

32

K ㅇ ㅈ ㅛ G ( )

① W　　　　　　　② ㅋ
③ ㄹ　　　　　　　④ Y

※ 다음은 임대주택 신청자의 신청번호에 대한 자료이다. 이어지는 질문에 답하시오. [33~35]

임대주택 신청자의 신청번호는 14자리로 이루어져 있으며, 다음과 같은 순서로 부여한다.

AA	BB	CCCC	DDD	E	FF
임대주택 구분	임대주택 신청연도	(예정)입주신청일	임대기간	공급면적	신청자 전체 월평균소득 대비 비율

임대주택 구분	임대주택 신청연도	(예정)입주신청일
11 : 대학생 전형 12 : (신청일 기준 대학졸업 후 2년 이내) 사회초년생 전형 21 : (예비)신혼부부 전형 22 : (만 9세 이하 자녀가 있는)한부모 전형 30 : (만 65세 이상)고령자 전형	18 : 2018년 19 : 2019년 20 : 2020년 21 : 2021년 22 : 2022년 23 : 2023년 24 : 2024년	EF월 GH일 입주예정인 경우 EFGH로 입력 * 임대주택 입주신청일은 임대주택 신청연도에 한해 가능하다.

임대기간	공급면적	신청자 전체 월평균소득 대비 비율
RT0 : 2년 미만 RT2 : 2년 RT3 : 3년 RT4 : 4년 RT5 : 5년	N : 16m^2 B : 23m^2 E : 30m^2 X : 36m^2	GH : 80% 이하 VE : 100% 이하 QW : 120% 이하 CR : 150% 이하 FL : 180% 이하

※ 임대기간이 2년 이상일 경우 6개월간 임대료가 면제됨

33 2024년에 임대주택을 신청하여 10월 10일 입주예정인 대학생 A는 신청자 전체 월평균소득 대비 비율이 100% 이하이며, 임대기간 3년에 공급면적 30m^{2}인 임대주택을 신청하였다. 다음 중 신청번호로 옳은 것은?

① 11241001RT3EVE
② 11241010RT3EVE
③ 12241001RT3EVE
④ 12241010RT3EVE

34 다음 중 임대주택을 신청한 B씨의 신청번호로 옳은 것은?

> 올해로 만 65세인 B씨는 신청자 전체 월평균소득 대비 비율 65%로 임대주택 입주 대상자라는 통지를 받았다. 그는 현재 전세 거주 중으로 계약만료일은 다음 달인 2024년 5월 22일이다. 이에 그는 계약만료일 5일 전으로 입주신청을 하였다. 그는 최대 임대기간으로 신청하였으며, 1인 가족으로 신청이 가능한 면적 $16m^2$ 또는 $23m^2$ 중 더 큰 면적으로 신청하였다.

① 30240517RT5BGH   ② 30240522RT5BGH

③ 30240527RT5BGH   ④ 30250517RT5BGH

35 다음 중 임대료 면제혜택을 받을 수 있는 신청자의 수는?

> 대학생과 사회초년생을 제외한 2021년도 이후 신청자 중에서 6개월간 임대료 면제 혜택 대상인 월평균소득 대비 비율 120% 이하인 신청자에게 추가로 2개월간 임대료 면제 혜택을 제공하려고 한다.

〈신청번호〉

11210502RT4NGH	21221212RT0EQW	22231228RT2EVE	12220124RT2BQW
30180822RT2EFL	21190214RT2XCR	11190727RT0NCR	22180227RT2BFL
30201124RT2BQW	30210317RT3NGH	11230319RT3EVE	22230630RT2XQW
30220516RT2BCR	21210405RT3EVE	21220628RT2XGH	12230728RT5NVE

① 2명   ② 3명

③ 4명   ④ 5명

※ 다음은 S산부인과의 환자 코드 부여 방식이다. 이어지는 질문에 답하시오. [36~39]

〈산부인과 환자 코드〉

- 환자 코드 부여 방식
  [진료과목] – [진료실] – [진료시간] – [진료내용] – [세부내용] 순의 10자리 수

- 진료과목

산과	부인과
01	02

- 진료실

1진료실	2진료실	3진료실
11	12	13

- 진료시간

평일		주말	
오전	오후	오전	오후
21	22	23	24

- 진료내용

상담	예방접종	진료 · 검진	부인과 치료 · 수술
31	32	33	34

- 세부내용

단태아임신		다태아임신		해당 없음
자연분만 예정	제왕절개 예정	자연분만 예정	제왕절개 예정	
41	42	43	44	45

- 다음 주 접수 현황

0111213341	0112213342	0111213343	0113223141
0212233145	0213233445	0212223445	0111243242
0212213245	0111233344	0113243341	0212233245

※ 환자 코드는 최종 결정에 따라 부여되며, 최종 결과가 다르면 기존에 부여된 코드도 바뀔 수도 있음

36 다음 환자에게 부여되는 환자 코드는?

> 평소 S산부인과 2진료실에서 진료를 받아오던 A씨는 최근 몸이 안 좋아 평일 오후 반차를 내고 부인과 진료를 받으러 왔고, 2진료실에서 진료 결과 A씨는 쌍둥이 임신인 것으로 확인되었다. 첫째를 낳을 때 제왕절개를 했고, 쌍둥이를 임신하였기에 이번 출산도 제왕절개를 하는 것으로 담당의와 결정하였다.

① 0112223344
② 0112223345
③ 0112223444
④ 0212223344

37 다음 주에 가장 많이 접수된 진료 세부내용은?

① 단태아 자연분만
② 단태아 제왕절개
③ 다태아 자연분만
④ 해당 없음

38 다음 주 병원 사정으로 인해, 1진료실과 2진료실은 평일 오전, 3진료실은 평일 오후 진료가 취소되었다. 이번 달 취소된 진료는 모두 몇 건인가?

① 1건
② 3건
③ 5건
④ 7건

39 다음 중 유효한 환자코드는?

① 111223141
② 0112233342
③ 0221213245
④ 0202213445

40 다음은 S보험회사의 고객관리코드에 대한 자료이다. 해지환급금 미지급 100세 보장 간병보험 상품을 일시에 납입한 남성의 고객관리코드로 옳은 것은?

S보험회사의 고객관리코드는 11자리로 이루어져 있으며, 다음과 같은 순서로 부여한다.

AA	B	CC	DD	EE	FF
보험상품	해지환급금 지급유무	가입자 성별	납입기간	납입주기	보험·보장기간

보험상품	해지환급금 지급유무	가입자 성별
SY : 종합보험 CC : 암보험 BB : 어린이보험 TO : 치아보험 NC : 간병보험 LF : 생활보장보험	Y : 100% 지급 P : 70% 지급 Q : 50% 지급 R : 30% 지급 N : 미지급	남 : 01 여 : 10

납입기간	납입주기	보험·보장기간(년, 세)
10 : 10년 15 : 15년 20 : 20년 30 : 30년 00 : 일시	월 : 12 년 : 01 일시불 : 00	01 : 10년 02 : 20년 03 : 30년 08 : 80세 09 : 90세 10 : 100세

※ 보험상품에 관계없이 납입기간은 보험기간보다 같거나 짧음

※ 단, 생활보장보험과 치아보험상품의 경우 보험기간은 최대 20년으로 만기 후 재가입이 가능하며, 그 외 보험상품은 최대 100세 만기가입이 가능함

① NCN01000010

② NCN01000001

③ NCN01000110

④ NCN01000101

※ 다음과 같은 모양을 만드는 데 사용된 블록의 개수를 고르시오(단, 보이지 않는 곳의 블록은 있다고 가정한다).
[1~14]

01

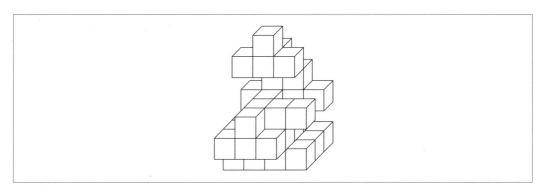

① 40개   ② 41개
③ 42개   ④ 44개

02

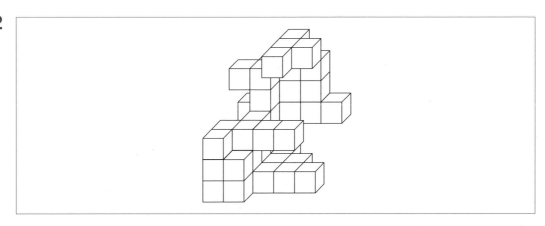

① 47개   ② 49개
③ 50개   ④ 51개

03

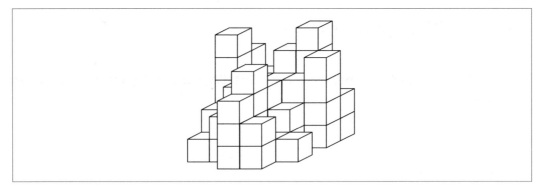

① 63개   ② 62개
③ 61개   ④ 60개

04

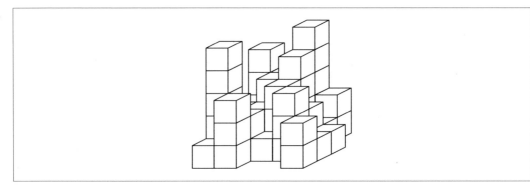

① 54개   ② 53개
③ 52개   ④ 51개

05

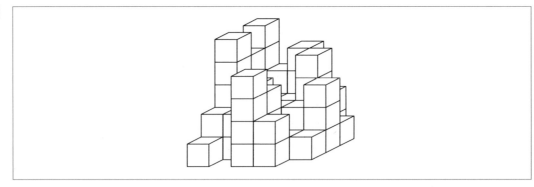

① 57개   ② 58개
③ 59개   ④ 60개

06

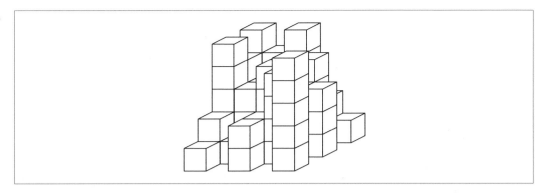

① 67개   ② 64개

③ 63개   ④ 62개

07

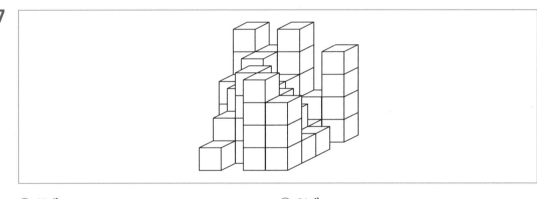

① 62개   ② 61개

③ 58개   ④ 57개

08

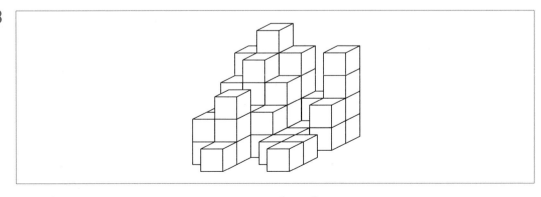

① 52개   ② 50개

③ 49개   ④ 48개

09

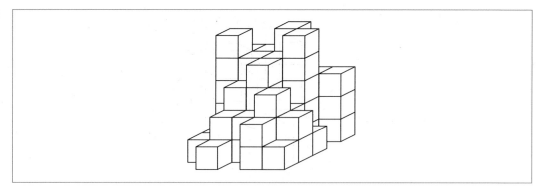

① 57개   ② 58개
③ 62개   ④ 63개

10

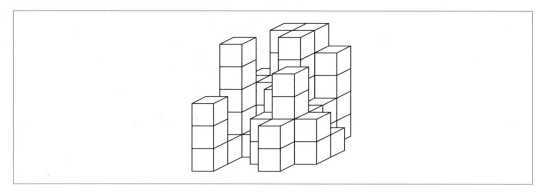

① 59개   ② 58개
③ 57개   ④ 56개

11

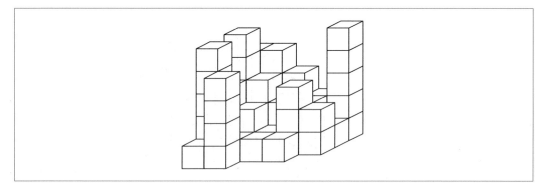

① 55개   ② 56개
③ 60개   ④ 61개

12

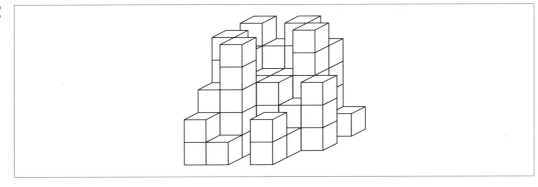

① 64개   ② 63개

③ 72개   ④ 71개

13

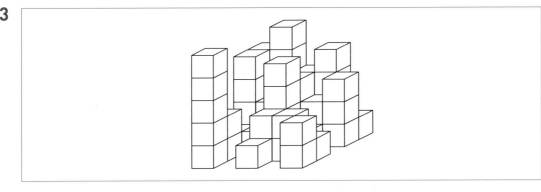

① 54개   ② 53개

③ 52개   ④ 51개

14

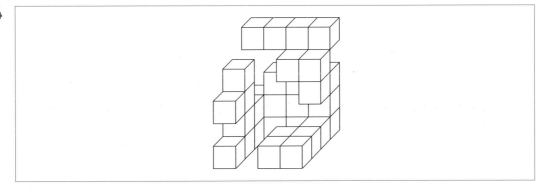

① 32개   ② 33개

③ 34개   ④ 36개

15 다음과 같이 쌓인 블록의 면의 개수를 구하면?(단, 밑면은 제외한다)

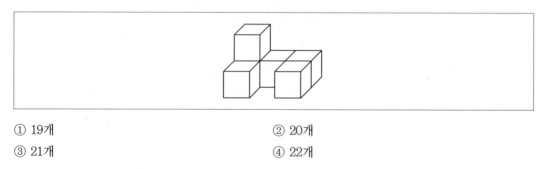

① 19개   ② 20개
③ 21개   ④ 22개

16 다음 제시된 문자를 오름차순으로 나열하였을 때 3번째에 오는 문자는?

ㄴ	J	T	ㅌ	ㄹ	F

① J   ② ㅌ
③ ㄹ   ④ F

17 다음 제시된 문자를 오름차순으로 나열하였을 때 4번째에 오는 문자는?

T	S	R	G	K	Q

① S   ② R
③ G   ④ K

18 다음 제시된 문자를 오름차순으로 나열하였을 때 4번째에 오는 문자는?(단, 모음은 일반모음 10개만 세는 것을 기준으로 한다)

ㅂ	ㅁ	ㅈ	ㅏ	ㅇ	ㅅ

① ㅏ   ② ㅅ
③ ㅁ   ④ ㅈ

19 다음 제시된 문자를 오름차순으로 나열하였을 때 2번째에 오는 문자는?

ㄹ   ㄱ   ㅍ   ㅈ   ㅁ   ㅌ

① ㄱ   ② ㅍ

③ ㄹ   ④ ㅌ

20 다음 제시된 문자를 오름차순으로 나열하였을 때 4번째에 오는 문자는?

L   U   Y   N   I   S

① I   ② S

③ Y   ④ N

21 다음 제시된 문자를 오름차순으로 나열하였을 때 5번째에 오는 문자는?(단, 모음은 일반모음 10개만 세는 것을 기준으로 한다)

ㅠ   ㅅ   ㅣ   ㄴ   ㅡ   ㅋ

① ㅠ   ② ㅅ

③ ㅡ   ④ ㅣ

22 다음 제시된 문자나 수를 내림차순으로 나열하였을 때 3번째에 오는 문자나 수는?

다   7   하   15   라   5

① 다   ② 5

③ 하   ④ 7

23 다음 제시된 문자나 수를 내림차순으로 나열하였을 때 2번째에 오는 문자나 수는?

ㅋ   2   Q   ㅁ   W   ㄷ

① 2   ② ㅁ

③ W   ④ Q

24 다음 제시된 수를 내림차순으로 나열하였을 때 5번째에 오는 수는?

5	43	12	60	70	55

① 5   ② 43
③ 60   ④ 12

25 다음 제시된 문자를 내림차순으로 나열하였을 때 5번째에 오는 문자는?

차	마	사	가	바	나

① 차   ② 마
③ 나   ④ 가

26 다음 제시된 문자를 내림차순으로 나열하였을 때 5번째에 오는 문자는?

ㅡ	ㅗ	ㅜ	ㅚ	ㅑ	ㅓ

① ㅡ   ② ㅗ
③ ㅚ   ④ ㅓ

27 다음 제시된 문자를 내림차순으로 나열하였을 때 6번째에 오는 문자는?

ㅎ	ㅉ	ㅃ	ㅅ	ㅇ	ㅆ

① ㅎ   ② ㅃ
③ ㅉ   ④ ㅅ

※ 다음 제시된 단어에서 공통으로 연상할 수 있는 단어를 고르시오. [28~32]

28

거울   사과   계모

① 신데렐라　　　　　　　② 백설공주
③ 라푼젤　　　　　　　　④ 인어공주

29

소프라노   하이힐   고혈압

① 높다　　　　　　　　　② 여성
③ 고음　　　　　　　　　④ 불편

30

용호상박   12지   여의주

① 호랑이　　　　　　　　② 용
③ 구슬　　　　　　　　　④ 별자리

31

빙하   대륙   S극

① 북극　　　　　　　　　② 남극
③ 둘리　　　　　　　　　④ 펭귄

32

수갑   사이렌   참수리

① 수사　　　　　　　　　② 경찰
③ 사냥　　　　　　　　　④ 검거

※ 〈보기〉의 사자성어에 해당하는 풀이를 고르시오. [33~36]

보기
① 首丘初心(수구초심)　　　　② 亡羊補牢(망양보뢰)
③ 靑出於藍(청출어람)　　　　④ 井底之蛙(정저지와)

33

죽어서라도 고향 땅에 묻히고 싶어 하는 마음

①　　　　　②　　　　　③　　　　　④

34

제자가 스승보다 나음

①　　　　　②　　　　　③　　　　　④

35

우물 안의 개구리란 뜻으로, 소견이나 견문이 몹시 좁은 것

①　　　　　②　　　　　③　　　　　④

36

어떤 일을 실패한 뒤에 뉘우쳐도 소용이 없음

①　　　　　②　　　　　③　　　　　④

※ 〈보기〉의 사자성어에 해당하는 풀이를 고르시오. [37~40]

> **보기**
> ① 十伐之木(십벌지목)   ② 見蚊拔劍(견문발검)
> ③ 鳥足之血(조족지혈)   ④ 亡牛補牢(망우보뢰)

37

보잘것없는 작은 일에 지나치게 큰 대책을 세움

①   ②   ③   ④

38

열 번 찍어 안 넘어가는 나무가 없음

①   ②   ③   ④

39

극히 적은 분량

①   ②   ③   ④

40

실패한 후에 일을 대비함

①   ②   ③   ④

3일 차
기출응용 모의고사

〈문항 수 및 시험시간〉

삼성 온라인 GSAT 4급		
영역	문항 수	시험시간
수리능력검사	40문항	15분
추리능력검사	40문항	20분
지각능력검사	40문항	10분

3일 차 기출응용 모의고사

| 문항 수 : 120문항 |
| 시험시간 : 45분 |

제 1영역 수리능력검사

※ 다음 식을 계산한 값으로 옳은 것을 고르시오. [1~10]

01

$$63 \div 9 + 91 \div 7$$

① 20   ② 21
③ 22   ④ 23

02

$$100 - 28 \times 0.5$$

① 85   ② 86
③ 87   ④ 88

03

$$50 \times \frac{1}{5} \div \frac{1}{3}$$

① 28   ② 29
③ 30   ④ 31

04

$$99+21\div3\times0.5$$

① 101.5　　　　　　　　　② 102.5
③ 103.5　　　　　　　　　④ 104.5

05

$$52\div2\div13\times2.5$$

① 5　　　　　　　　　　② 6
③ 7　　　　　　　　　　④ 8

06

$$\frac{87}{3}+\frac{2,268}{81}$$

① 54　　　　　　　　　② 56
③ 57　　　　　　　　　④ 60

07

$$\frac{1}{3}+\frac{1}{9}+\frac{1}{27}$$

① $\dfrac{11}{27}$　　　　　　　　② $\dfrac{13}{27}$

③ $\dfrac{17}{27}$　　　　　　　　④ $\dfrac{19}{27}$

08

$$0.7+0.5\times2-0.3$$

① 1.3　　　　　　　　　② 1.4
③ 1.5　　　　　　　　　④ 1.6

09

$$(47^2 - 33^2) \div 14$$

① 60 ② 80
③ 100 ④ 120

10

$$(11^2 - 10^2) \div 21$$

① 1 ② 5
③ 7 ④ 10

11 남자 5명, 여자 5명으로 이루어진 팀에서 2명의 팀장을 뽑으려고 한다. 이때 팀장 2명이 모두 여자일 확률은?

① $\dfrac{2}{9}$ ② $\dfrac{2}{5}$
③ $\dfrac{4}{9}$ ④ $\dfrac{3}{5}$

12 같은 인원에게 7,000원씩 나누어 주면 3,000원이 부족하고, 8,000원씩 나누어 주면 1,000원이 남는다. 인원수는 총 몇 명인가?

① 4명 ② 5명
③ 6명 ④ 7명

13 은경이는 직접 믹서기를 사용하여 오렌지 주스를 만들기로 하였다. 오렌지 2개로 주스 125mL를 만들 수 있다고 할 때, 오렌지 14개로 만들 수 있는 주스의 용량은?

① 625mL ② 750mL
③ 875mL ④ 950mL

14 길이가 30cm인 양초와 $x$cm인 양초가 있다. 이 양초들에 불을 붙이면 길이가 30cm인 양초와 $x$cm인 양초는 각각 1분에 0.5cm씩, 0.3cm씩 짧아진다고 한다. 두 양초의 길이가 20분 후 같아진다면 x는 얼마인가?

① 20cm   ② 22cm

③ 24cm   ④ 26cm

15 인수가 집에서 2km 떨어진 도서관에 갈 때, 50m/min의 속력으로 걷다가 늦을 것 같아 속력을 2배로 올렸더니 총 30분이 걸렸다. 50m/min의 속력으로 걸은 거리는?

① 0.8km   ② 0.9km

③ 1km   ④ 1.5km

16 가로 240m, 세로 400m인 어느 부지에 정사각형으로 구역을 나누어 경작을 하려고 한다. 구역을 최소로 나눈다고 할 때 구역의 총개수는?(단, 남겨지는 땅은 없다)

① 14개   ② 15개

③ 16개   ④ 17개

17 팀원 5명을 한 줄로 세우려고 한다. 이 중 팀원 A와 B가 반드시 이웃해야 한다고 할 때, 한 줄로 서는 경우의 수는?

① 12가지   ② 24가지

③ 48가지   ④ 96가지

18 OECD 국가별로 학업능력을 평가한 결과, 1등급을 받은 국가는 전체의 20%로 평균점수는 77점이었고, 나머지 국가는 40점이었다. OECD 전체 평균 학업능력점수는?

① 45.4점   ② 46.4점

③ 47.4점   ④ 48.4점

19 현재 아버지의 나이는 35세, 아들은 10세이다. 아버지 나이가 아들 나이의 2배가 되는 것은 몇 년 후인가?

① 5년 후   ② 10년 후

③ 15년 후   ④ 20년 후

20 농도 10%의 소금물 100g과 농도 25%의 소금물 200g을 섞으면 몇 %의 소금물이 되는가?

① 15%   ② 20%

③ 25%   ④ 30%

21 어떤 백화점에서 20% 할인해서 팔던 옷을 할인된 가격의 30%를 추가로 할인하여 28만 원에 구매하였다면 할인받은 금액은?

① 14만 원   ② 18만 원

③ 22만 원   ④ 28만 원

22 S사의 마스크 필터를 생산하는 공장에서 A기계는 1분에 8개, B기계는 1분에 4개의 필터를 생산할 수 있다. 현재 A기계에서 90개, B기계에서 10개의 필터를 생산하였다면 A의 생산량이 B의 생산량의 3배가 될 때는 몇 분 후인가?

① 12분   ② 15분

③ 18분   ④ 21분

23 어떤 마을에서 A장터는 25일마다 열리고 B장터는 30일마다 열린다. 1월 18일에 두 장터가 같이 열렸고, 1월 18일이 목요일이라면 다음으로 두 장터가 같이 열리는 요일은?

① 일요일   ② 월요일

③ 화요일   ④ 수요일

24 철수는 매일 1,000원씩, 영희는 800원씩 저금을 한다. 며칠 후 정산해보니 철수의 저금액이 영희의 2배가 되어 있었다. 영희가 철수보다 3일 후에 저금을 하기 시작했다면 정산은 며칠 후에 한 것인가?

① 7일 후   ② 8일 후

③ 9일 후   ④ 10일 후

25 인식이는 과자와 아이스크림을 사려고 한다. 과자는 하나에 1,000원, 아이스크림은 하나에 600원일 때, 15,000원을 가지고 과자와 아이스크림을 총 17개 사려고 한다면 살 수 있는 아이스크림의 최소 개수는?

① 4개   ② 5개

③ 6개   ④ 7개

26 십의 자릿수가 7인 두 자리 자연수가 있다. 십의 자리와 일의 자리를 바꾼 수는 처음 수보다 27이 더 작을 때, 처음 수는?

① 74   ② 75

③ 76   ④ 77

27 다음은 농구 경기에서 갑 ~ 정 4개 팀의 월별 득점에 대한 표이다. 빈칸 (가)에 들어갈 수치로 옳은 것은? (단, 각 수치는 매월 일정한 규칙으로 변화한다)

〈월별 득점 현황〉

(단위 : 점)

구분	1월	2월	3월	4월	5월	6월	7월	8월	9월	10월
갑	1,024	1,266	1,156	1,245	1,410	1,545	1,205	1,365	1,875	2,012
을	1,352	1,702	2,000	1,655	1,320	1,307	1,232	1,786	1,745	2,100
병	1,078	1,423	(가)	1,298	1,188	1,241	1,357	1,693	2,041	1,988
정	1,298	1,545	1,658	1,602	1,542	1,611	1,080	1,458	1,579	2,124

① 1,358   ② 1,397

③ 1,450   ④ 1,498

28 S사에서는 추석을 맞이해 직원들에게 선물을 보내려고 한다. 선물은 비슷한 가격대의 상품으로 다음과 같이 준비하였으며, 전직원을 대상으로 투표를 실시하였다. 가장 많은 표를 얻은 상품 하나를 선정하여 선물을 보낼 때 드는 총비용은?

<추석 선물 가격 및 선호도>

구분		투표 결과					
상품명	가격	총무부	기획부	영업부	생산부	관리부	연구소
한우Set	80,000원	2	1	5	13	1	1
영광굴비	78,000원	0	3	3	15	3	0
장뇌삼	85,000원	1	0	1	21	2	2
화장품	75,000원	2	1	6	14	5	1
전복	70,000원	0	1	7	19	1	4

※ 투표에 대해 무응답 및 중복응답은 없음

① 9,200,000원
② 9,450,000원
③ 9,650,000원
④ 9,800,000원

29 다음은 2024년 11월 시도별 이동자 수 및 이동률에 대한 자료이다. 이에 대한 설명으로 옳지 않은 것은?

<2024년 11월 시도별 이동자 수(총전입)>

(단위 : 명)

구분	전국	서울	부산	대구	인천	광주
이동자 수	650,197	132,012	42,243	28,060	40,391	17,962

<2024년 11월 시도별 이동률(총전입)>

(단위 : %)

구분	전국	서울	부산	대구	인천	광주
이동자 수	1.27	1.34	1.21	1.14	1.39	1.23

① 서울의 총전입자 수는 전국의 총전입자 수의 약 20.3%이다.
② 서울, 부산, 대구, 인천, 광주 중 대구의 총전입률이 가장 낮다.
③ 서울은 총전입자 수와 총전입률 모두 다른 지역에 비해 가장 높다.
④ 부산의 총전입자 수는 광주의 총전입자 수의 약 2.35배이다.

30 다음은 국가별 생산직 노동자의 시간당 임금과 단위노동 비용지수에 대한 표이다. 이에 대한 설명으로 옳은 것을 〈보기〉에서 모두 고르면?

〈국가별 생산직 노동자의 시간당 임금과 단위노동 비용지수〉

구분 국가	시간당 임금(달러)				단위노동 비용지수			
연도	2021	2022	2023	2024	2021	2022	2023	2024
독일	26.28	23.66	22.99	22.86	90.3	86.6	76.9	76.2
일본	18.29	20.89	22.00	19.59	93.1	105.7	100.4	93.6
미국	18.64	19.11	19.72	20.32	92.4	91.1	91.7	91.4
영국	16.75	17.04	20.24	18.35	105.2	102.8	98.4	95.5
프랑스	17.49	17.17	15.66	15.88	83.2	79.6	63.2	62.5
스웨덴	22.02	21.61	16.45	16.14	66.6	64.3	53.0	48.2
한국	5.67	7.35	8.48	8.09	63.7	71.7	70.2	64.7

※ 단위노동 비용지수는 국가별로 해당 국가의 2013년 단위노동 비용을 100으로 하여 각 연도의 비교치를 제시한 것임
※ 유럽에 위치하는 국가 : 독일, 프랑스, 스웨덴

보기

ㄱ. 2021년과 비교하여 2024년에 시간당 임금이 감소한 국가는 모두 유럽에 위치하고 있다.
ㄴ. 2023년에 생산직 노동자의 시간당 임금이 가장 높은 국가는 독일이고, 가장 낮은 국가는 한국이다.
ㄷ. 각 국가에서 연도별 시간당 임금과 단위노동 비용의 증감은 같은 추세를 보이고 있다.
ㄹ. 2021년에 비해 2024년에 단위노동 비용이 가장 큰 비율로 증가한 국가는 한국이며, 가장 큰 비율로 감소한 국가는 스웨덴이다.

① ㄱ, ㄴ
② ㄱ, ㄹ
③ ㄴ, ㄷ
④ ㄱ, ㄴ, ㄹ

31 다음 자료에 대한 설명으로 옳지 않은 것은?

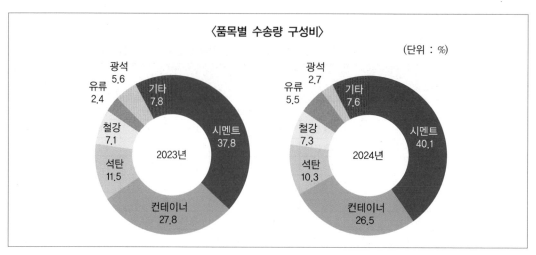

〈품목별 수송량 구성비〉

(단위 : %)

① 2023년 대비 2024년에 구성비가 증가한 품목은 3개이다.
② 컨테이너 수송량은 2023년에 비해 2024년에 감소하였다.
③ 구성비가 가장 크게 변화한 품목은 유류이다.
④ 2023년과 2024년에 가장 큰 비율을 차지하는 품목은 같다.

※ 다음은 A ~ D시의 인구, 도로연장 및 인구 1,000명당 자동차 대수에 대한 표이다. 이어지는 질문에 답하시오.
[32~33]

〈A ~ D시의 정보〉

구분	인구(만 명)	도로연장(km)	1,000명당 자동차 대수(대)
A	108	198	204
B	75	148	130
C	53	318	408
D	40	103	350

32 자동차 대수가 많은 도시를 순서대로 나열한 것은?

① A－C－D－B
② A－D－B－C
③ C－A－B－D
④ C－A－D－B

33 한 가구당 구성원 수를 평균 3명이라고 하면, 가구당 평균 1대 이상의 자동차를 보유하는 시는?

① A, B
② A, C
③ B, C
④ C, D

※ 다음은 2000년 2 ~ 7월 이산가족 교류 성사현황에 대한 표이다. 이어지는 질문에 답하시오. [34~35]

〈이산가족 교류 성사현황〉

(단위 : 건)

구분	2월	3월	4월	5월	6월	7월
접촉신청	18,193	18,200	18,204	18,205	18,206	18,221
생사확인	11,791	11,793	11,795	11,795	11,795	11,798
상봉	6,432	6,432	6,432	6,432	6,432	6,432
서신교환	12,267	12,272	12,274	12,275	12,276	12,288

34 자료에 대한 설명으로 옳은 것을 〈보기〉에서 모두 고르면?

보기

ㄱ. 접촉신청 건수는 2000년 3월부터 6월까지 전월 대비 매월 증가하였다.
ㄴ. 2000년 2월부터 7월까지 생사확인 건수와 서신교환 건수의 증감추세는 동일하다.
ㄷ. 2000년 5월 생사확인 건수는 접촉신청 건수의 70% 이하이다.
ㄹ. 2000년 상봉 건수 대비 서신교환 건수 비율은 4월보다 7월에 더 감소하였다.

① ㄱ, ㄴ
② ㄱ, ㄷ
③ ㄴ, ㄷ
④ ㄴ, ㄹ

35 다음은 이산가족 교류 성사현황을 토대로 작성한 보고서이다. 밑줄 친 내용이 적절하지 않은 것을 모두 고르면?

통일부는 올해 2월부터 7월까지 이산가족 교류 성사현황을 발표하였다. 발표한 자료에 따르면 ㉠ 2000년 2월부터 생사확인 건수는 꾸준히 증가하였다. 그러나 상봉 건수는 남북 간의 조율결과 매월 일정 수준을 유지하고 있다. ㉡ 서신교환의 경우, 2월 대비 7월 증가율은 2% 미만이나, 꾸준한 증가추세를 보이고 있다. ㉢ 접촉신청 건수는 2000년 6월 전월 대비 불변한 것을 제외하면 꾸준히 증가추세를 보이고 있다. 통일부는 접촉신청, 생사확인, 상봉, 서신교환 외에도 다른 형태의 이산가족 교류를 추진하고, 특히 상봉을 확대할 계획이라고 밝혔다. ㉣ 전문가들은 이산가족 총교류 건수가 증가추세에 있음을 긍정적으로 평가하고 있다.

① ㉠, ㉡
② ㉠, ㉢
③ ㉡, ㉢
④ ㉡, ㉣

※ 다음은 어느 산부인과의 연도별 출산 산모 수 및 그해 출산한 산모의 태아유형 비율에 대한 표이다. 이어지는 질문에 답하시오. [36~37]

<연도별 출산한 산모 수 및 태아유형 비율>

구분		2020년	2021년	2022년	2023년	2024년
출산 산모 수(명)		882	898	1,020	1,108	1,174
단태아 산모 비율(%)		62	68	71	64	65
다태아 산모 비율(%)	쌍둥이	27	26	17	22	19
	삼둥이	11	6	12	14	16

※ 모두 정상적인 분만을 했으며, 표에 제시된 것 외의 다태아 유형은 없음

36 단태아 산모수가 가장 많은 연도는?

① 2021년　　　　　　　　② 2022년
③ 2023년　　　　　　　　④ 2024년

37 2022년 출생한 태아의 수는?(단, 각 태아유형 계산 시 소수점 이하는 버림한다)

① 972명　　　　　　　　② 1,019명
③ 1,248명　　　　　　　④ 1,436명

※ 다음은 2024년 지역별 상수도 민원건수에 대한 표이다. 이어지는 질문에 답하시오. **[38~39]**

〈지역별 상수도 민원건수〉

(단위 : 건)

구분	민원내용				
	낮은 수압	녹물	누수	냄새	유충
서울	554	682	102	244	118
경기	120	203	84	152	21
대구	228	327	87	414	64
인천	243	469	183	382	72
부산	248	345	125	274	68
강원	65	81	28	36	7
대전	133	108	56	88	18
광주	107	122	87	98	11
울산	128	204	88	107	16
제주	12	76	21	23	3
세종	47	62	41	31	9

※ 수도권 : 서울, 경기, 인천

38 다음 중 자료에 대한 설명으로 옳은 것을 〈보기〉에서 모두 고르면?

> **보기**
>
> ㄱ. 경기 지역의 민원 중 40%는 녹물에 대한 것이다.
> ㄴ. 대구의 냄새에 대한 민원건수는 강원의 11.5배이고, 제주의 18배이다.
> ㄷ. 세종과 대전의 민원내용별 민원건수의 합계는 부산보다 적다.
> ㄹ. 수도권 각 지역에서 가장 많은 민원은 녹물에 대한 것이고, 가장 낮은 민원은 유충에 대한 것이다.

① ㄱ, ㄴ
② ㄱ, ㄷ
③ ㄱ, ㄹ
④ ㄴ, ㄷ

39 다음 중 자료를 바탕으로 제작할 수 없는 그래프는?

① 수도권과 수도권 외 지역 상수도 민원건수 발생 현황
② 광역시의 녹물 민원건수 발생 현황
③ 수도권 전체 민원건수 중 녹물에 대한 민원 비율
④ 지역별 유충 발생건수 현황

40 다음은 S기업 영업팀의 2024년 매출액과 분기별 매출액의 구성비에 대한 자료이다. 연간 영업팀의 매출 순위와 1위 팀이 기록한 연 매출액을 차례대로 나열한 것은?

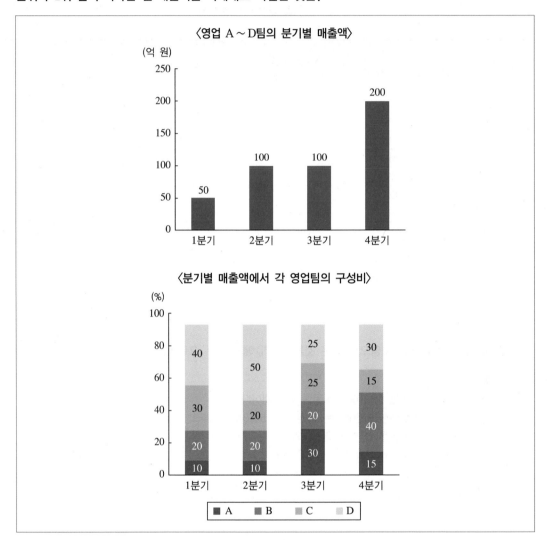

① A – B – C – D, 120억 원   ② D – B – A – C, 120억 원
③ D – B – C – A, 155억 원   ④ B – A – C – D, 120억 원

※ 다음 제시문을 읽고 각 문제가 항상 참이면 ①, 거짓이면 ②, 알 수 없으면 ③을 고르시오. **[1~2]**

- A의 시력은 B의 시력보다 0.3만큼 높다.
- A의 시력은 1.0이다.
- B의 시력은 A보다 낮고 C보다 높다.
- D의 시력은 0.5이다.
- E의 시력은 0.5보다 낮다.

01 시력이 가장 높은 사람은 A이다.

① 참   ② 거짓   ③ 알 수 없음

02 시력이 가장 낮은 사람은 E이다.

① 참   ② 거짓   ③ 알 수 없음

※ 다음 제시문을 읽고 각 문제가 항상 참이면 ①, 거짓이면 ②, 알 수 없으면 ③을 고르시오. **[3~4]**

- 어떤 마을에 A ~ E 5채의 집이 순서대로 있다.
- A ~ E집에는 각각 다른 반려동물(햄스터, 고슴도치, 앵무새, 고양이, 강아지)이 1마리씩 있다.
- 고슴도치를 키우는 집의 오른쪽 집에서는 앵무새를 키운다.
- E집에서는 강아지를 키우지 않는다.
- 고양이를 키우는 집은 B이다.

03 A집에서는 햄스터를 키운다.

① 참   ② 거짓   ③ 알 수 없음

04 D집에서는 고슴도치를 키운다.

① 참   ② 거짓   ③ 알 수 없음

※ 다음 제시문을 읽고 각 문제가 항상 참이면 ①, 거짓이면 ②, 알 수 없으면 ③을 고르시오. [5~6]

- 현정, 경서, 소희가 가지고 있는 동전은 모두 16개이다.
- 어떤 사람도 같은 개수의 동전을 가지고 있지 않다.
- 소희는 가장 많은 개수의 동전을 가지고 있다.
- 경서는 가장 적은 개수의 동전을 가지고 있고, 동전을 모두 모으면 620원이다.
- 모든 동전은 500원짜리, 100원짜리, 50원짜리, 10원짜리 중 하나이다.

---

05 경서는 4개의 동전을 가지고 있다.

① 참   ② 거짓   ③ 알 수 없음

06 소희가 모든 종류의 동전을 가지고 있다면 소희는 최소 720원을 가지고 있다.

① 참   ② 거짓   ③ 알 수 없음

※ 다음 제시문을 읽고 각 문제가 항상 참이면 ①, 거짓이면 ②, 알 수 없으면 ③을 고르시오. [7~8]

- A지역의 풍속은 4m/s이다.
- B지역의 풍속은 A지역의 풍속보다 1m/s 이상 빠르다.
- C지역의 풍속은 A지역보다 빠르고 B지역보다 느리다.
- D지역의 풍속은 2m/s이다.

---

07 가장 빠른 지역의 풍속은 5m/s 이상이다.

① 참   ② 거짓   ③ 알 수 없음

08 D지역의 풍속이 4개의 지역 중 가장 느리다.

① 참   ② 거짓   ③ 알 수 없음

※ 제시문 A를 읽고, 제시문 B가 참인지 거짓인지 혹은 알 수 없는지 고르시오. [9~10]

09

[제시문 A]
· 갑 ~ 정 4명이 달리기 시합을 했다.
· 4명 중 똑같은 시간에 결승점에 들어온 사람은 없다.
· 을은 병 바로 뒤에 결승점에 들어왔다.
· 을보다 늦은 사람은 2명이다.
· 정은 갑보다 빨랐다.

[제시문 B]
결승점에 가장 빨리 들어온 사람은 병이다.

① 참   ② 거짓   ③ 알 수 없음

10

[제시문 A]
· 바실리카는 로마시대 법정과 같이 쓰인 장방형의 3개의 통로가 있는 건물이다.
· 바실리카의 중앙통로나 회중석은 측랑보다 높았고 측랑의 지붕 위에는 창문이 설치된다.

[제시문 B]
바실리카의 측랑과 창문은 회중석보다 높은 곳에 설치된다.

① 참   ② 거짓   ③ 알 수 없음

※ 일정한 규칙으로 수를 나열할 때, 빈칸에 들어갈 알맞은 수를 고르시오. [11~21]

11

| 1   3   7   15   31   (   ) |

① 62   ② 63
③ 64   ④ 65

12

| 2   4   6   10   16   26   (   ) |

① 34   ② 38
③ 42   ④ 46

13

	4	4	8	24	96	( )

① 480   ② 460

③ 440   ④ 420

14

( )	18	35	52	69	86

① 0   ② 1

③ 2   ④ 3

15

$$\frac{39}{16} \quad \frac{13}{8} \quad \frac{13}{12} \quad \frac{13}{18} \quad (\ \ ) \quad \frac{26}{81}$$

① $\dfrac{13}{9}$ ② $\dfrac{14}{18}$

③ $\dfrac{13}{18}$ ④ $\dfrac{13}{27}$

16

$$\frac{33}{189} \quad \frac{37}{183} \quad (\ \ ) \quad \frac{42}{168} \quad \frac{43}{159} \quad \frac{43}{149}$$

① $\dfrac{20}{177}$ ② $\dfrac{22}{177}$

③ $\dfrac{40}{176}$ ④ $\dfrac{44}{176}$

17

$\dfrac{2}{3}$	( )	$\dfrac{36}{27}$	$\dfrac{53}{81}$	$\dfrac{70}{243}$	$\dfrac{87}{729}$	

① $\dfrac{19}{9}$ ② $\dfrac{22}{9}$

③ $\dfrac{25}{9}$ ④ $\dfrac{28}{11}$

18

0.7　0.8　1.5　1.5　3.2　2.9　6.7　( )

① 5.4   ② 5.7

③ 12.9   ④ 13.4

19

6　6　4　8　　3　5　7　1　　9　4　3　( )

① 10   ② 11

③ 12   ④ 13

20

2　1　3　6　　4　5　2　11　　5　6　2　( )

① 10   ② 11

③ 12   ④ 13

21

3　7　16　　−1　3　−8　　( )　−4　3

① 7   ② 5

③ 0   ④ −2

※ 일정한 규칙으로 문자를 나열할 때, 빈칸에 들어갈 알맞은 문자를 고르시오(단, 모음은 일반 모음 10개만 세는 것을 기준으로 한다). [22~32]

22

ㄹ H ㅌ ( ) ㅂ

① ㅋ   ② ㅍ
③ N   ④ P

23

i L O r U ( )

① W   ② Z
③ X   ④ F

24

ㅅ ㅁ ㅂ ㅜ ㅗ ㅈ ㄹ ㅋ ( )

① ㄹ   ② ㅛ
③ ㄷ   ④ ㅏ

25

B ㅂ ㄷ H 四 十 ㅁ L ( )

① H   ② 二
③ ㄷ   ④ ㅛ

26

D F 八 ㅊ L ( )

① M   ② ㅎ
③ K   ④ S

27

| 五 | ㅛ | G | ㅇ | ― | ( ) |

① B   ② K
③ U   ④ J

28

| ㅓ | ㅁ | G | ㅈ | ㅏ | ( ) |

① R   ② ㄷ
③ ㅍ   ④ N

29

| ㅏ | D | G | ㅊ | ㅍ | ( ) |

① S   ② ㅎ
③ ―   ④ P

30

| W | ㅣ | ㄷ | N | ㅋ | ( ) |

① ㅇ   ② ㅏ
③ K   ④ W

31

| ㅈ | N | J | ㅍ | K | ( ) |

① M   ② ㅑ
③ ㅓ   ④ T

32

| E | ㅂ | ㄹ | G | ㅓ | ( ) |

① H   ② ㅏ
③ ㅅ   ④ P

※ 다음은 S은행 고객 기록에 대한 자료이다. 이어지는 질문에 답하시오. [33~36]

〈기록 체계〉

고객구분	업무	업무내용	접수창구
ㄱ	X	a	01

고객구분		업무		업무내용		접수창구	
ㄱ	개인고객	X	수신계	a	예금	01	1번창구
				b	적금	02	2번창구
ㄴ	기업고객	Y	대부계	A	대출상담	03	3번창구
				B	대출신청	04	4번창구
ㄷ	VIP고객					05	5번창구
				C	대출완료	00	VIP실

※ 업무내용은 대문자·소문자끼리만 복수선택이 가능함
※ 개인·기업 고객은 일반창구에서, VIP고객은 VIP실에서 업무를 봄
※ 수신계는 a, b의 업무만, 대부계는 A, B, C의 업무만 봄

〈기록 현황〉

ㄱXa10	ㄴYA05	ㄴYB03	ㄱXa01	ㄱYB03
ㄱXab02	ㄷYC00	ㄴYA01	ㄴYA05	ㄴYAB03
ㄱYAB00	ㄱYaA04	ㄱXb02	ㄷYB0	ㄱXa04

33 S은행을 방문한 갑기업 대표인 VIP고객이 대출신청을 하였다. 기록 현황에 기재할 내용으로 옳은 것은?

① ㄴXB00
② ㄴYB00
③ ㄷXB00
④ ㄷYB00

34 기록 현황을 처리하는 도중 잘못 기록된 내용들이 발견되었다. 잘못된 기록 현황의 개수는?

① 1개   ② 2개

③ 4개   ④ 6개

35 위 문제(34번)에서 잘못된 접수를 제외하고 정리했을 때 가장 많이 기록된 업무내용은 무엇인가?

① 예금   ② 적금

③ 대출상담   ④ 대출신청

36 현황에 순서대로 나열되어 있지 않은 'A', 'B', 'Y', 'ㄴ', '04' 메모가 발견되었다. 이 기록 내용으로 옳은 것은?

① 예금과 적금 업무로 수신계 4번 창구를 방문한 기업고객
② 예금과 적금 업무로 대부계 4번 창구를 방문한 VIP고객
③ 대출 업무로 대부계 4번 창구를 방문한 개인고객
④ 대출상담 및 신청 업무로 대부계 4번 창구를 방문한 기업고객

※ S베이비 페어는 사전신청을 한 고객들만 입장이 가능하며, 이를 위해 다음과 같은 신청번호를 부여하였다. 이어지는 질문에 답하시오. [37~38]

〈S베이비 페어 사전신청 신청번호〉

- 사전신청기간 : 8월 1일 09:00 ~ 9월 30일 18:00(24시간 가능, 시작·마감일은 제외)
- S베이비 페어 관람기간 : 10월 1일 월요일 ~ 10월 21일 일요일
- S베이비 페어 관람시간 : 1차 10:00 ~ 13:00, 2차 14:00 ~ 17:00, 3차 17:00 ~ 20:00
  (평일은 3차 시간대에 운영하지 않음)
- ※ 신청자의 신청번호는 14자리로 이루어져 있음

사전신청일	관람인원	유아차	날짜	요일	시간
AA	BBBBBB	CC	DD	E	F

사전신청일	관람인원	유아차 대여유무 및 대여개수(최대 3개)
8월 전기(1 ~ 15일) : AG 8월 후기(16 ~ 31일) : AU 9월 전기(1 ~ 15일) : SE 9월 후기(16 ~ 30일) : SP	A_ C_ B_ : _에 다음에 해당하는 인원수 기입 A_ : 만 19세 이상 C_ : 만 4 ~ 18세 B_ : 만 3세 이하 예 성인 2명, 유아 1명 입장 시 → A2C0B1 ※ 반드시 성인 1명 이상 동행해야 신청가능	V0 : 미대여 V1 : 1대 대여 V2 : 2대 대여 V3 : 3대 대여

관람일		
날짜	요일	시간
10월 1일 : 01 10월 2일 : 02 10월 3일 : 03 ... 10월 20일 : 20 10월 21일 : 21	평일 : W 주말 : H	1차 : B 2차 : M 3차 : L

37 신청번호가 다음과 같을 때, 이에 대한 설명으로 옳지 않은 것은?

> AUA2C0B1V019WM

① 시간 제약 없이 신청 가능했을 것이다.
② 총관람인원은 3명이었을 것이다.
③ 유아가 동행하므로 유아차를 대여했을 것이다.
④ 신청자는 평일 중 마지막 날 관람하였을 것이다.

38 다음 신청내용을 보고 입력해야 할 신청번호로 옳은 것은?

> 〈신청내용〉
> 9월 1일 15:30 통화내용
> 10월 둘째 주 토요일 오전 시간대에 신청을 원해요. 저와 제 아이 둘이서만 갈 겁니다. 아이가 6살인데 가능하겠죠? 유아차는 필요 없어요.

① SEA1C0B1V013HB
② SEA1C1B0V013HB
③ SEA1C0B0V014HB
④ SEA1C0B1V014HB

※ S아파트의 자전거 보관소에서는 입주민들의 자전거를 편리하게 관리하기 위해 다음과 같은 방법으로 자전거에 일련번호를 부여한다. 이어지는 질문에 답하시오. **[39~40]**

〈일련번호 부여 기준〉

A	L	1	1	1	1	0	1	–	1
종류	무게	동	호수						등록순서

- 일련번호 부여 순서 : [종류] – [무게] – [동] – [호수] – [등록순서]
- 자전거 종류 구분

일반 자전거			전기 자전거
성인용	아동용	산악용	
A	K	T	B

- 자전거 무게 구분

20kg 이상	10kg 초과 20kg 미만	10kg 이하
L	M	S

- 동 : 101동부터 110동까지의 끝자리를 1자리 숫자로 기재(예 101동 – 1)
- 호수 : 4자리 숫자로 기재(예 1101호 – 1101)
- 등록순서 : 동일 세대주당 자전거 등록순서를 1자리로 기재

39 다음 중 자전거의 일련번호가 바르게 표기된 것은?

① MT1109 – 2
② AM2012 – 2
③ AB10121 – 1
④ KS90101 – 2

40 다음 중 일련번호가 'TM41205 – 2'인 자전거에 대한 설명으로 옳은 것은?

① 전기 모터를 이용해 주행할 수 있다.
② 자전거의 무게는 10kg 이하이다.
③ 204동 1205호에 거주하는 입주민의 자전거이다.
④ 자전거를 2대 이상 등록한 입주민의 자전거이다.

※ 다음과 같은 모양을 만드는 데 사용된 블록의 개수를 고르시오(단, 보이지 않는 곳의 블록은 있다고 가정한다).
　[1~14]

01

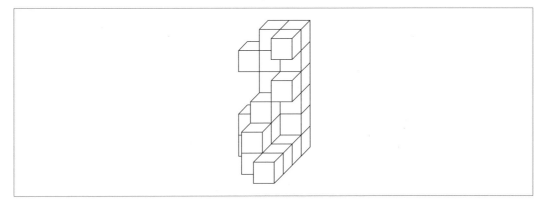

① 24개　　　　　　　　　　　② 25개
③ 26개　　　　　　　　　　　④ 27개

02

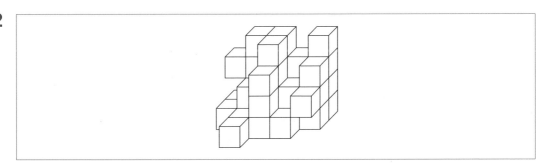

① 35개　　　　　　　　　　　② 36개
③ 37개　　　　　　　　　　　④ 39개

03

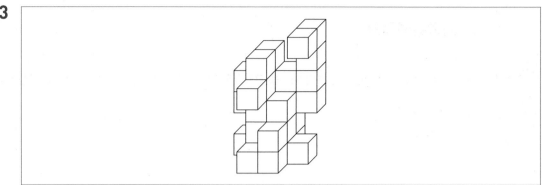

① 27개   ② 28개
③ 29개   ④ 30개

04

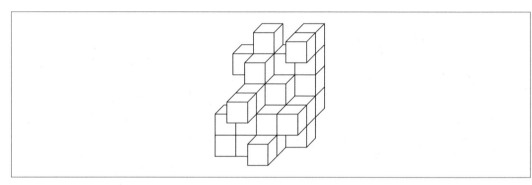

① 33개   ② 35개
③ 36개   ④ 37개

05

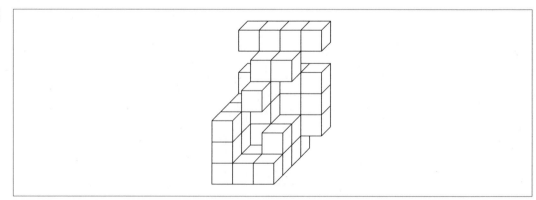

① 41개   ② 42개
③ 43개   ④ 44개

06

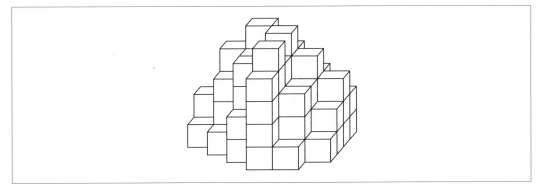

① 70개   ② 69개
③ 68개   ④ 67개

07

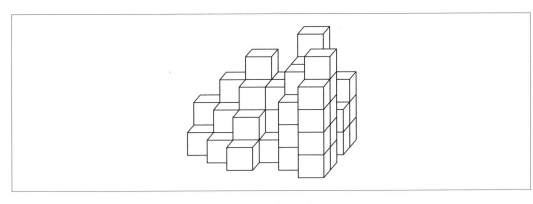

① 56개   ② 57개
③ 58개   ④ 59개

08

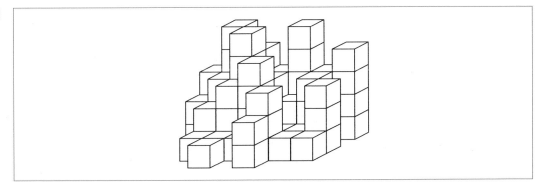

① 69개   ② 70개
③ 72개   ④ 73개

09

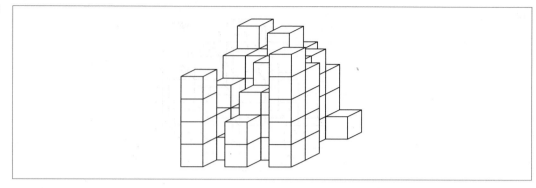

① 71개   ② 72개

③ 73개   ④ 74개

10

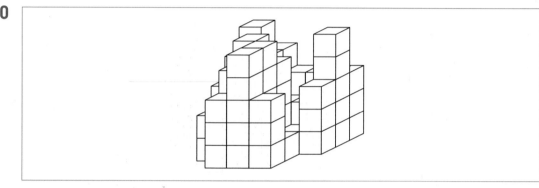

① 72개   ② 73개

③ 74개   ④ 75개

11

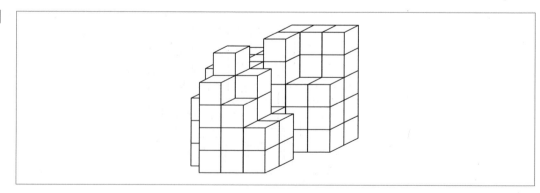

① 78개   ② 77개

③ 76개   ④ 75개

12

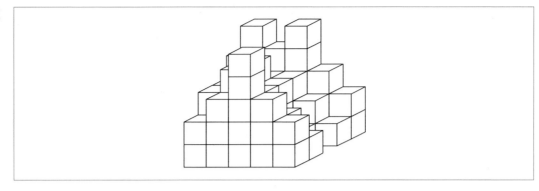

① 74개　　　　　　　　　② 73개
③ 72개　　　　　　　　　④ 71개

13

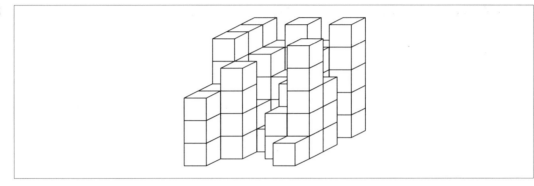

① 70개　　　　　　　　　② 71개
③ 72개　　　　　　　　　④ 73개

14

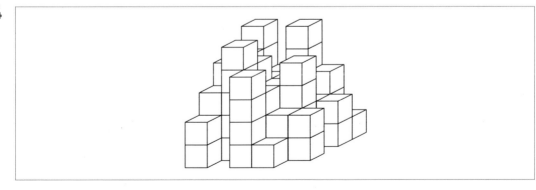

① 68개　　　　　　　　　② 69개
③ 70개　　　　　　　　　④ 71개

15 다음과 같이 쌓인 블록의 면의 개수를 구하면?(단, 밑면은 제외한다)

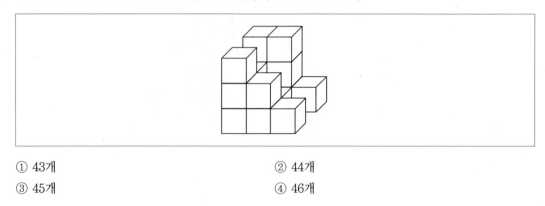

① 43개   ② 44개

③ 45개   ④ 46개

16 다음 제시된 문자를 오름차순으로 나열하였을 때 4번째에 오는 문자는?

G   R   Y   ㄷ   ㅁ   K

① G   ② ㄷ

③ ㅁ   ④ K

17 다음 제시된 문자를 오름차순으로 나열하였을 때 3번째에 오는 문자는?(단, 모음은 일반모음 10개만 세는 것을 기준으로 한다)

ㅜ   ㅂ   ㅁ   ㅣ   ㅠ   ㄷ

① ㄷ   ② ㅠ

③ ㅜ   ④ ㅂ

18 다음 제시된 문자나 수를 오름차순으로 나열하였을 때 2번째에 오는 문자나 수는?

O   J   ㅋ   9   ㅁ   ㅍ

① 9   ② ㅋ

③ J   ④ O

19 다음 제시된 문자나 수를 오름차순으로 나열하였을 때 4번째에 오는 문자나 수는?

22	T	19	K	8	12

① 12　　　　　　　　　　　② 8
③ T　　　　　　　　　　　④ 19

20 다음 제시된 문자나 수를 오름차순으로 나열하였을 때 4번째에 오는 문자나 수는?

5	ㄹ	ㅅ	11	2	ㅌ

① 5　　　　　　　　　　　② ㄹ
③ ㅅ　　　　　　　　　　　④ 11

21 다음 제시된 문자나 수를 오름차순으로 나열하였을 때 5번째에 오는 문자나 수는?

18	Q	L	10	U	ㅈ

① ㅈ　　　　　　　　　　　② 18
③ Q　　　　　　　　　　　④ U

22 다음 제시된 문자를 내림차순으로 나열하였을 때 3번째에 오는 문자는?

T	V	B	E	S	L

① T　　　　　　　　　　　② B
③ E　　　　　　　　　　　④ S

23 다음 제시된 문자를 내림차순으로 나열하였을 때 4번째에 오는 문자나 수는?

Q	S	23	U	18	P

① Q　　　　　　　　　　　② 18
③ 23　　　　　　　　　　　④ S

24 다음 제시된 문자나 수를 내림차순으로 나열하였을 때 3번째에 오는 문자나 수는?(단, 모음은 일반모음 10개만 세는 것을 기준으로 한다)

| 6 | 3 | ㅑ | ㅜ | ㅡ | 10 |

① ㅑ   ② ㅜ
③ 3   ④ 6

25 다음 제시된 문자나 수를 내림차순으로 나열하였을 때 3번째에 오는 문자나 수는?

| N | F | 7 | K | 15 | 20 |

① 15   ② 20
③ 7   ④ N

26 다음 제시된 문자나 수를 내림차순으로 나열하였을 때 4번째에 오는 문자나 수는?

| ㅁ | 10 | ㅅ | ㅈ | 6 | 14 |

① 10   ② ㅅ
③ 6   ④ ㅈ

27 다음 제시된 문자나 수를 내림차순으로 나열하였을 때 3번째에 오는 문자나 수는?(단, 모음은 일반모음 10개만 세는 것을 기준으로 한다)

| 9 | 5 | ㅠ | ㅕ | 7 | ㅛ |

① 9   ② ㅕ
③ ㅠ   ④ 7

※ 다음 제시된 단어에서 공통으로 연상할 수 있는 단어를 고르시오. [28~32]

28

	커피 두부 밥	

① 차   ② 반찬
③ 콩   ④ 냄비

29

	가수 졸업 결혼	

① 축가   ② 신혼여행
③ 앨범   ④ CD

30

	희다 도자기 조선	

① 공자   ② 이세돌
③ 가운   ④ 백자

31

	유대교 경전 교훈	

① 내전   ② 탈무드
③ 이스라엘   ④ 팔레스타인

32

	전쟁과 평화 부활 안나 카레니나	

① 괴테   ② 톨스토이
③ 도스토옙스키   ④ 볼테르

※ 〈보기〉의 사자성어에 해당하는 풀이를 고르시오. [33~36]

보기
① 近墨者黑(근묵자흑)　　　② 泣斬馬謖(읍참마속)
③ 有備無患(유비무환)　　　④ 結者解之(결자해지)

33

준비가 있으면 근심이 없다

①　　　　　②　　　　　③　　　　　④

34

먹을 가까이하면 검어진다

①　　　　　②　　　　　③　　　　　④

35

일을 맺은 사람이 풀어야 한다

①　　　　　②　　　　　③　　　　　④

36

눈물을 머금고 마속의 목을 벤다

①　　　　　②　　　　　③　　　　　④

※ 〈보기〉의 사자성어에 해당하는 풀이를 고르시오. [37~40]

> **보기**
> ① 莫逆之友(막역지우)　　　　② 肝膽相照(간담상조)
> ③ 文房四友(문방사우)　　　　④ 汗牛充棟(한우충동)

37

서재에 꼭 있어야 할 네 벗, 즉 종이, 붓, 벼루, 먹

① 　　　　　　② 　　　　　　③ 　　　　　　④

38

많은 책이 쌓여 있는 모습

① 　　　　　　② 　　　　　　③ 　　　　　　④

39

마음이 맞아 서로 거스르는 일이 없는, 생사를 같이할 수 있는 친밀한 벗

① 　　　　　　② 　　　　　　③ 　　　　　　④

40

간과 쓸개를 내놓고 서로에게 내보인다

① 　　　　　　② 　　　　　　③ 　　　　　　④

4일 차
기출응용 모의고사

〈문항 수 및 시험시간〉

삼성 온라인 GSAT 4급		
영역	문항 수	시험시간
수리능력검사	40문항	15분
추리능력검사	40문항	20분
지각능력검사	40문항	10분

4일 차 기출응용 모의고사

문항 수 : 120문항
시험시간 : 45분

제 1 영역 수리능력검사

※ 다음 식을 계산한 값으로 옳은 것을 고르시오. [1~10]

01

$$54 \times 0.1 + 1.6$$

① 6   ② 7
③ 8   ④ 9

02

$$454 + 744 \div 62 + 77$$

① 343   ② 443
③ 543   ④ 643

03

$$245 + 590 \div 2 - 45$$

① 200   ② 245
③ 400   ④ 495

04

$$5.5 + 11.5 + 22 + 23 - 2 + 5 \times 8$$

① 0   ② 40
③ 46   ④ 100

05

$$97 - 66 \times \frac{1}{3} + 10$$

① 80　　　　　　　② 85
③ 90　　　　　　　④ 95

06

$$88 \div 4 - 10 \times 0.5$$

① 15　　　　　　　② 16
③ 17　　　　　　　④ 18

07

$$7 \times 20 \div 5 - 5$$

① 20　　　　　　　② 21
③ 22　　　　　　　④ 23

08

$$990 \div 99 \div 2 \times \frac{1}{5}$$

① 1　　　　　　　② 5
③ 10　　　　　　　④ 15

09

$$(1,001 - 2) \div 3 + 67$$

① 340　　　　　　② 360
③ 380　　　　　　④ 400

10

$$244 \div 2 \times 0.1 + 0.85$$

① 12.04　　　　　　　　　　② 13.04

③ 12.05　　　　　　　　　　④ 13.05

11 서로 다른 2개의 주사위를 동시에 던질 때, 나오는 두 눈의 곱이 6일 확률은?

① $\dfrac{1}{12}$　　　　　　　　　　② $\dfrac{1}{10}$

③ $\dfrac{1}{9}$　　　　　　　　　　④ $\dfrac{1}{6}$

12 어떤 자동차 경주장의 원형도로의 길이가 6km이다. 경주용 차 A가 200km/h의 일정한 속력을 유지하며 돌고 있고 경주용 차 B는 그보다 더 빠른 속력으로 달리고 있다. 경주용 차 A와 경주용 차 B가 동시에 출발한 후 2시간 만에 처음으로 같은 위치에 있게 된다면, 경주용 차 B의 속력은?

① 201km/h　　　　　　　　② 202km/h

③ 203km/h　　　　　　　　④ 206km/h

13 어떤 학급에서 이어달리기 대회 대표로 A ~ E학생 5명 중 3명을 순서와 상관없이 뽑을 수 있는 경우의 수는?

① 5가지　　　　　　　　　　② 10가지

③ 20가지　　　　　　　　　　④ 60가지

14 농도가 x%인 식염수 100g과 농도가 20%인 식염수 400g을 섞었더니 농도 17%의 식염수가 되었다. 이때 x의 값은?

① 4　　　　　　　　　　　　② 5

③ 6　　　　　　　　　　　　④ 7

15 A씨는 기간제로 6년을, 시간제로 6개월을 근무하였다. 다음과 같은 연차 계산법을 활용하였을 때, A씨의 연차는 며칠인가?(단, 소수점 첫째 자리에서 올림한다)

〈연차 계산법〉
• 기간제 : [(근무 연수)×(연간 근무 일수)]÷365×15
• 시간제 : (근무 총시간)÷365
※ 근무는 1개월을 30일로, 1년을 365일로, 1일을 8시간 근무로 계산함

① 86일   ② 88일

③ 92일   ④ 94일

16 C회사에 근무하는 A씨는 오전에 B회사로 외근을 갔다. 일을 마치고 시속 3km로 걸어서 회사로 가는 반대 방향으로 1km 떨어진 우체국에 들렀다가 회사로 복귀하는 데 1시간 40분이 걸렸다. B회사에서 C회사까지의 거리는?

① 1km   ② 2km

③ 3km   ④ 4km

17 A씨가 1,300원에 연필 1자루를 구매하고 나머지 금액의 절반으로 펜을 구매하였다. 펜을 구매하고 남은 금액에서 300원짜리 지우개 1개를 사고 나니 300원이 남았다고 할 때 처음 가지고 있던 금액은?

① 1,500원   ② 2,000원

③ 2,500원   ④ 3,000원

18 수현이의 생일 선물을 위해 친구들이 돈을 모으고자 한다. 1명당 4,500원씩 내면 2,000원이 남고 4,000원씩 내면 500원이 부족하다고 할 때, 친구들의 인원수는?

① 5명   ② 6명

③ 7명   ④ 8명

19 50원, 100원, 500원짜리 동전으로 900원을 지불하는 방법의 경우의 수는?(단, 각 동전은 8개씩 가지고 있다)

① 6가지   ② 7가지
③ 8가지   ④ 9가지

20 물통에 물을 가득 채우는 데 A관은 10분, B관은 15분 걸린다. 두 관을 모두 사용하면 몇 분 만에 물을 가득 채울 수 있는가?

① 3분   ② 4분
③ 5분   ④ 6분

21 어머니의 나이는 10대인 아들 나이의 3배이다. 이때 아들과 어머니의 나이의 합이 62보다 작다면 아들은 최대 몇 세인가?

① 14세   ② 15세
③ 16세   ④ 17세

22 A기업에서는 조직 개편을 하려고 한다. 5명을 한 팀으로 조직하면 2명이 팀에 편성되지 않고, 6명을 한 팀으로 조직하면 팀에 편성되지 않는 사람은 없지만, 5명을 한 팀으로 조직했을 때보다 2팀이 줄어든다. 5명을 한 팀으로 조직했을 때, 만들어지는 팀은 총 몇 팀인가?

① 12팀   ② 13팀
③ 14팀   ④ 15팀

23 어느 해의 3월 15일은 수요일이다. 그해의 마지막 날 요일은?

① 일요일   ② 화요일
③ 목요일   ④ 토요일

24 A매장에서는 직원 6명이 마감 청소를 하는 데 5시간이 걸린다. 만약 리모델링 작업을 진행하기 위해 3시간 만에 마감 청소를 끝낼 수 있도록 단기 직원을 추가로 고용하려고 한다면, 몇 명의 단기 직원이 추가로 필요한가?(단, 모든 직원의 능률은 동일하다)

① 2명
② 3명
③ 4명
④ 5명

25 화창한 어느 날 낮에 농도 3%의 설탕물 400g이 들어있는 컵을 창가에 놓아두었다. 저녁에 살펴보니 물이 증발하여 농도가 5%가 되었을 때, 남아있는 물의 양은?

① 220g
② 230g
③ 240g
④ 250g

26 어떤 수에서 7을 더하고 4배한 수는 그 수의 7배보다 1만큼 크다고 할 때, 어떤 수의 값은?

① 8
② 9
③ 10
④ 11

27 반도체 부품 회사에서 근무하는 A사원은 월별 매출 현황에 대한 보고서를 작성 중이었다. 그런데 실수로 파일을 삭제하여 기억나는 매출액만 다시 작성하였다. A사원이 기억하는 월평균 매출액은 35억 원이고, 상반기의 월평균 매출액은 26억 원이었다. 다음 중 남아있는 매출 현황을 통해 상반기 평균 매출액 대비 하반기 평균 매출액의 증감액을 바르게 구한 것은?

〈월별 매출 현황〉

(단위 : 억 원)

1월	2월	3월	4월	5월	6월	7월	8월	9월	10월	11월	12월	평균
	10	18	36				35	20	19			35

① 12억 원 증가
② 12억 원 감소
③ 18억 원 증가
④ 18억 원 감소

28 다음은 2024년의 8개 아이스크림 유통 기업의 매출액에 대한 자료이다. 매출 상위 2개 기업의 매출액의 합은 전체 매출액의 몇 %인가?(단, 소수점 둘째 자리에서 반올림한다)

〈2024년 8개 아이스크림 유통 기업 매출액〉

(단위 : 억 원)

구분	매출액	구분	매출액
A기업	432.7	E기업	255.6
B기업	237.6	F기업	360.2
C기업	118.5	G기업	192.7
D기업	305.9	H기업	156.6

① 33.7%
③ 36.8%

② 35.2%
④ 38.5%

29 다음은 자동차 생산·내수·수출 현황에 대한 자료이다. 이에 대한 설명으로 옳지 않은 것은?

〈자동차 생산·내수·수출 현황〉

(단위 : 대, %)

구분		2020년	2021년	2022년	2023년	2024년
생산	차량 대수	4,086,308	3,826,682	3,512,926	4,271,741	4,657,094
	증감률	(6.4)	(▽6.4)	(▽8.2)	(21.6)	(9.0)
내수	차량 대수	1,219,335	1,154,483	1,394,000	1,465,426	1,474,637
	증감률	(4.7)	(▽5.3)	(20.7)	(5.1)	(0.6)
수출	차량 대수	2,847,138	2,683,965	2,148,862	2,772,107	3,151,708
	증감률	(7.5)	(▽5.7)	(▽19.9)	(29.0)	(13.7)

① 2020년에는 전년 대비 생산, 내수, 수출이 모두 증가했다.
② 내수가 가장 큰 폭으로 증가한 해에는 생산과 수출이 모두 감소했다.
③ 수출이 증가했던 해에는 생산과 내수 모두 증가했다.
④ 생산은 증가했지만 내수나 수출이 감소한 해가 있다.

30 다음은 어느 대학의 모집단위별 지원자 및 합격자 수에 대한 자료이다. 이에 대한 설명으로 옳지 않은 것은?

〈모집단위별 지원자 및 합격자 수〉

(단위 : 명)

모집단위	남성		여성		합계	
	합격자	지원자	합격자	지원자	모집정원	지원자
A	512	825	89	108	601	933
B	353	560	17	25	370	585
C	138	417	131	375	269	792
합계	1,003	1,802	237	508	1,240	2,310

※ (경쟁률)$=\dfrac{(지원자\ 수)}{(모집정원)}$

① 3개의 모집단위 중 총 지원자 수가 가장 많은 집단은 A이다.

② 3개의 모집단위 중 합격자 수가 가장 적은 집단은 C이다.

③ 이 대학의 남성 합격자 수는 여성 합격자 수의 5배 이상이다.

④ 집단 B의 경쟁률은 $\dfrac{117}{74}$ 이다.

31 다음은 지난해 도로 종류에 따른 월별 교통사고에 대한 자료이다. 이에 대한 설명으로 옳지 않은 것은?

〈도로 종류에 따른 월별 교통사고〉

(단위 : 개, 명)

구분	2월			3월			4월		
	발생 건수	사망자 수	부상자 수	발생 건수	사망자 수	부상자 수	발생 건수	사망자 수	부상자 수
일반국도	1,054	53	1,964	1,308	64	2,228	1,369	72	2,387
지방도	1,274	39	2,106	1,568	50	2,543	1,702	44	2,712
특별·광역시도	5,990	77	8,902	7,437	86	10,920	7,653	79	11,195
시도	4,941	86	7,374	6,131	117	9,042	6,346	103	9,666
군도	513	14	756	601	28	852	646	26	959
고속국도	256	16	746	316	20	765	335	15	859
기타	911	11	1,151	1,255	13	1,571	1,335	15	1,653

① 조사 기간 동안 특별·광역시도의 교통사고 발생 건수는 지속적으로 증가한다.

② 3월에 가장 많은 사고가 발생한 도로 종류에서 당월 가장 많은 사망자가 발생했다.

③ 부상자 수는 조사 기간 동안 모든 도로 종류에서 지속적으로 증가하는 추세를 보인다.

④ 한 달 동안 교통사고 사망자 수가 100명이 넘는 도로 종류는 시도가 유일하다.

32 다음은 검찰을 제외한 법무부 공무원의 징계 사유별 징계 현황에 대한 자료이다. 이에 대한 설명으로 옳지 않은 것을 〈보기〉에서 모두 고르면?

〈법무부 공무원의 징계 사유별 징계 현황(검찰 제외)〉

(단위 : 건)

구분	경징계	중징계
A	3	23
B	174	42
C	171	47
D	160	55
기타	6	2

보기

ㄱ. 전체 경징계 건수는 전체 중징계 건수의 3배 이상이다.
ㄴ. 전체 징계 건수 중 경징계의 비율은 70% 이하이다.
ㄷ. D로 인한 징계 건수 중 중징계의 비율은 전체 징계 건수 중 중징계의 비율보다 낮다.
ㄹ. 전체 징계 사유 중 징계의 비율이 가장 높은 것은 C이다.

① ㄱ, ㄴ   ② ㄱ, ㄷ
③ ㄱ, ㄹ   ④ ㄴ, ㄷ

33 다음은 우리나라 4인 가족 기준 항목별 생활 비용에 대한 자료이다. 이에 대한 설명으로 옳지 않은 것은? (단, 소수점 둘째 자리에서 반올림한다)

〈4인 가족 기준 항목별 생활비용〉

(단위 : 만 원)

구분	2020년	2021년	2022년	2023년	2024년
주거 / 수도 / 광열	64.7	65.4		67.0	68.9
통신	12.9	13.0	12.8	14.3	15.6
주류 / 담배	10.2	10.1	16.4	17.0	17.4
음식 / 숙박	130.6	133.7	134.2	135.2	136.8
의류 / 가정용품	41.9	41.3	42.5	44.8	44.6
합계	260.3	263.5	271.2	278.3	283.3

① 2022년 4인 가족의 주거 / 수도 / 광열 비용은 65.3만 원이다.
② 2021 ~ 2024년 동안 전년 대비 통신 비용은 매년 증가하였다.
③ 2021 ~ 2023년 동안 전년 대비 주류 / 담배 비용과 의류 / 가정용품 비용의 증감 추이는 같다.
④ 2021 ~ 2024년 동안 전년 대비 음식 / 숙박 비용은 매년 증가하였다.

34 다음은 산업단지 동향에 대한 자료이다. 이에 대한 설명으로 옳지 않은 것은?

<table>
<tr><td rowspan="2">구분</td><td rowspan="2">2023년
1/4분기</td><td rowspan="2">2023년
4/4분기</td><td rowspan="2">2024년
1/4분기</td><td colspan="2">2024년 1/4분기</td></tr>
<tr><td>전년 동분기 대비(%)</td><td>전 분기 대비(%)</td></tr>
<tr><td>단지 지정 수(개)</td><td>915</td><td>948</td><td>960</td><td>4.9</td><td>1.3</td></tr>
<tr><td>면적(백만 m²)</td><td>1,341</td><td>1,357</td><td>1,361</td><td>1.5</td><td>0.3</td></tr>
<tr><td>분양률(%)</td><td>97.0</td><td>97.0</td><td>96.3</td><td>▽0.7</td><td>▽0.7</td></tr>
<tr><td>입주업체(백 개)</td><td>683</td><td>723</td><td>732</td><td>7.2</td><td>1.2</td></tr>
<tr><td>생산(조 원)</td><td>228</td><td>263</td><td>255</td><td>11.8</td><td>▽3.0</td></tr>
<tr><td>수출(십억 달러)</td><td>910</td><td>1,125</td><td>1,036</td><td>13.8</td><td>▽7.9</td></tr>
<tr><td>고용(천 명)</td><td>1,617</td><td>1,714</td><td>1,743</td><td>7.8</td><td>1.7</td></tr>
</table>

〈산업단지 동향〉

① 2024년 1/4분기 산업단지 지정 수는 전년 동분기 대비 4.9%, 전 분기 대비 1.3% 증가했다.
② 2024년 1/4분기 고용 분야는 전년 동분기 대비 1.7% 증가했다.
③ 2023년 1/4분기 대비 2023년 4/4분기에 가장 큰 비율로 증가한 분야는 수출 분야이다.
④ 전 분기 대비 2024년 1/4분기에 가장 큰 비율로 감소한 분야는 수출 분야이다.

35 다음은 범죄유형별 범죄자 수에 대한 자료이다. 남성 범죄자 비율이 가장 높은 범죄는?

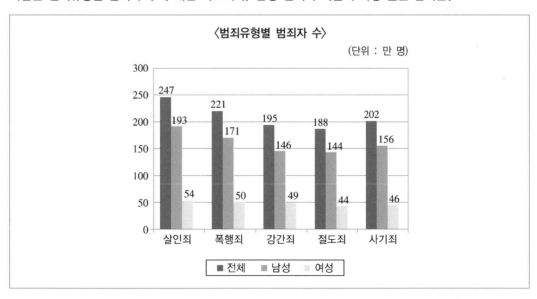

〈범죄유형별 범죄자 수〉
(단위 : 만 명)

① 살인죄　　　　　　② 폭행죄
③ 강간죄　　　　　　④ 절도죄

※ 다음은 N스크린(스마트폰, VOD, PC)의 영향력을 파악하기 위해 조사한 방송사별 통합시청점유율과 기존시청점유율에 대한 자료이다. 이어지는 질문에 답하시오. [36~37]

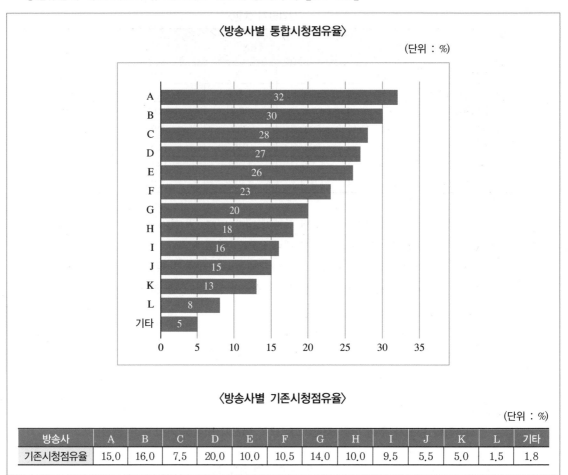

〈방송사별 통합시청점유율〉

(단위 : %)

〈방송사별 기존시청점유율〉

(단위 : %)

방송사	A	B	C	D	E	F	G	H	I	J	K	L	기타
기존시청점유율	15.0	16.0	7.5	20.0	10.0	10.5	14.0	10.0	9.5	5.5	5.0	1.5	1.8

36 다음 중 제시된 자료에 대한 설명으로 옳지 않은 것은?

① 통합시청점유율 순위와 기존시청점유율 순위가 같은 방송사는 B, J, K이다.

② 기존시청점유율이 가장 높은 방송사는 D이다.

③ 기존시청점유율이 다섯 번째로 높은 방송사는 F이다.

④ 기타를 제외한 통합시청점유율과 기존시청점유율의 차이가 가장 큰 방송사는 A이다.

37 다음은 N스크린 영향력의 범위를 표시한 그래프이다. (가) ~ (마)의 범위에 포함될 방송사를 바르게 짝지은 것은?(단, 소수점 둘째 자리에서 반올림한다)

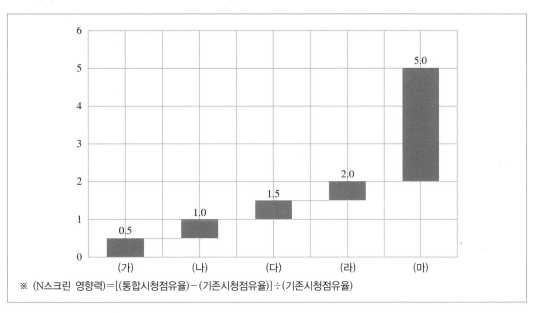

※ (N스크린 영향력)=[(통합시청점유율)−(기존시청점유율)]÷(기존시청점유율)

	방송사	범위			방송사	범위
①	A	(가)		②	F	(다)
③	H	(라)		④	K	(마)

38 다음은 여성 취업자 중 전문·관리직 종사자 구성비에 대한 자료이다. 이에 대한 설명으로 옳지 않은 것은?

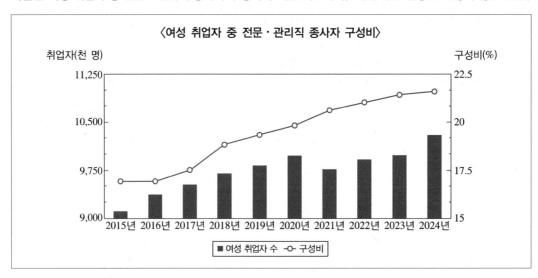

① 여성 취업자 중 전문·관리직 종사자의 구성비는 2016년 이후 꾸준히 증가했다.
② 여성 취업자 수는 전년 대비 2021년 잠시 감소했다가 2022년부터 다시 증가하기 시작했다.
③ 2023년 여성 취업자 중 전문·관리직 종사자의 수는 1,800천 명 이상이다.
④ 2023년 여성 취업자 중 전문·관리직 종사자의 구성비는 50% 이상이다.

※ 다음은 지난해 정부지원금 수혜자 200명을 대상으로 조사한 자료이다. 이어지는 질문에 답하시오. **[39~40]**

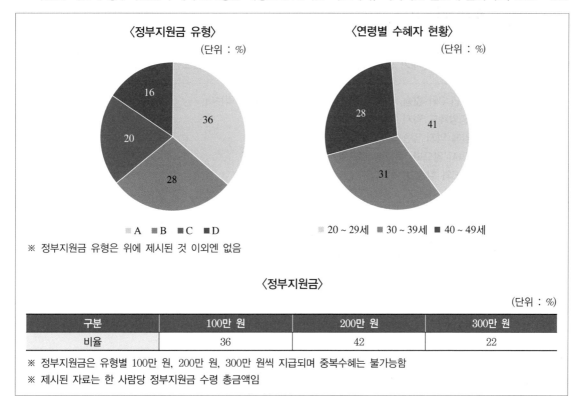

〈정부지원금 유형〉
(단위 : %)

A 36, D 16, C 20, B 28

■A ■B ■C ■D

〈연령별 수혜자 현황〉
(단위 : %)

20~29세 41, 30~39세 31, 40~49세 28

■ 20 ~ 29세 ■ 30 ~ 39세 ■ 40 ~ 49세

※ 정부지원금 유형은 위에 제시된 것 이외엔 없음

〈정부지원금〉

(단위 : %)

구분	100만 원	200만 원	300만 원
비율	36	42	22

※ 정부지원금은 유형별 100만 원, 200만 원, 300만 원씩 지급되며 중복수혜는 불가능함
※ 제시된 자료는 한 사람당 정부지원금 수령 총금액임

39 다음 중 제시된 자료에 대한 설명으로 옳지 않은 것은?

① 정부지원금에 들어간 총비용은 3,000만 원 이상이다.

② 정부지원금 유형 A 수령자가 모두 20대라고 할 때, 20대 수혜자 중 정부지원금 유형 A 수령자가 차지하는 비율은 85% 이하이다.

③ 20대 수혜자의 정부지원금 금액이 모두 200만 원이라고 할 때, 200만 원 수령자 중 20대 수혜자가 차지하는 비율은 95% 이상이다.

④ 정부지원금 수혜자가 2배 증가하고 수혜자 현황 비율이 동일하다면, 정부지원금에 들어간 비용도 2배이다.

40 정부지원금 300만 원 수령자의 반은 20대이고, 나머지 반은 30대이다. 20대·30대 수혜자 중 정부지원금 300만 원 미만 수령자가 차지하는 비율은?(단, 소수점 첫째 자리에서 반올림한다)

① 55%   ② 61%

③ 69%   ④ 74%

※ 다음 제시문을 읽고 각 문제가 항상 참이면 ①, 거짓이면 ②, 알 수 없으면 ③을 고르시오. [1~2]

- 회사원 K씨는 비타민 C와 칼슘, 마그네슘을 각각 일주일에 세 번 먹는다.
- 주말에는 아무런 영양제도 먹지 않는다.
- 비타민 C는 월요일에 먹지 않는다.
- 칼슘은 화요일에 먹지 않으며, 목요일에도 먹지 않는다.
- 금요일에는 비타민 C와 칼슘만 먹는다.
- 화요일에는 마그네슘만 먹는다.

01 월요일에는 아무런 영양제도 먹지 않는다.

① 참   ② 거짓   ③ 알 수 없음

02 월요일에 마그네슘을 먹지 않는다면 수요일에는 세 개의 영양제를 함께 먹는다.

① 참   ② 거짓   ③ 알 수 없음

※ 다음 제시문을 읽고 각 문제가 항상 참이면 ①, 거짓이면 ②, 알 수 없으면 ③을 고르시오. [3~4]

- 영어를 잘하면 중국어를 못한다.
- 스페인어를 잘하면 영어를 잘한다.
- 일본어를 잘하면 스페인어를 잘한다.

03 스페인어를 잘하면 중국어를 못한다.

① 참   ② 거짓   ③ 알 수 없음

04 일본어를 잘하면 중국어를 못한다.

① 참   ② 거짓   ③ 알 수 없음

※ 다음 제시문을 읽고 각 문제가 항상 참이면 ①, 거짓이면 ②, 알 수 없으면 ③을 고르시오. [5~6]

- 스타박스, 커피벤, 카페버네, 에디야의 4종류 커피브랜드가 있다.
- 윈터, 카리나, 지젤은 4개의 커피브랜드 중 하나의 커피브랜드를 좋아한다.
- 윈터는 커피벤과 카페버네를 좋아하지 않는다.
- 카리나는 에디야를 좋아한다.
- 윈터와 카리나는 좋아하는 커피브랜드가 다르다.
- 지젤은 에디야를 좋아하지 않는다.

05 윈터가 좋아하는 커피브랜드는 스타박스이다.

① 참   ② 거짓   ③ 알 수 없음

06 지젤은 스타박스를 좋아하지 않는다.

① 참   ② 거짓   ③ 알 수 없음

※ 다음 제시문을 읽고 각 문제가 항상 참이면 ①, 거짓이면 ②, 알 수 없으면 ③을 고르시오. [7~8]

- 작년 7월 10일(월) ~ 7월 16일(일)에는 4일 동안 비가 내렸다.
- 수요일부터 그 다음 날까지 이틀 연속으로 비가 내렸다.
- 일요일에는 비가 내리고 그 전날은 화창했다.

07 7월 11일에는 비가 내렸다.

① 참   ② 거짓   ③ 알 수 없음

08 7월 12일에는 비가 내리지 않았다.

① 참   ② 거짓   ③ 알 수 없음

※ 제시문 A를 읽고, 제시문 B가 참인지 거짓인지 혹은 알 수 없는지 고르시오. [9~10]

09

[제시문 A]
• 노화가 오면 귀가 잘 들리지 않는다.
• 귀가 잘 안 들리면 큰 소리로 이야기한다.

[제시문 B]
큰 소리로 이야기하는 사람은 노화가 온 사람이다.

① 참   ② 거짓   ③ 알 수 없음

10

[제시문 A]
• 피자를 좋아하는 모든 사람은 치킨을 좋아한다.
• 치킨을 좋아하는 모든 사람은 맥주를 좋아한다.

[제시문 B]
맥주를 좋아하는 미혜는 피자를 좋아한다.

① 참   ② 거짓   ③ 알 수 없음

※ 일정한 규칙으로 수를 나열할 때, 빈칸에 들어갈 알맞은 수를 고르시오. [11~23]

11

| 5 | 7 | 10 | 14 | 19 | ( ) |

① 20   ② 21
③ 22   ④ 23

12

| 1 | ( ) | −5 | 44 | 25 | 22 | −125 | 11 |

① 64   ② 66
③ 88   ④ 122

13

41	216	51	36	61	( )	71	1	

① 6 ② 9
③ 11 ④ 14

14

3 −3 −12 −18 ( ) −78

① −64 ② −66
③ −72 ④ −75

15

2 5 11 20 32 ( )

① 46 ② 47
③ 48 ④ 49

16

$$\frac{7}{5} \quad \frac{21}{20} \quad \frac{1}{20} \quad \frac{3}{80} \quad (\quad) \quad -\frac{231}{320}$$

① $-\dfrac{76}{80}$ ② $-\dfrac{77}{80}$
③ $-\dfrac{78}{80}$ ④ $-\dfrac{79}{80}$

17

$$\frac{3}{17} \quad \frac{9}{21} \quad \frac{27}{29} \quad \frac{81}{41} \quad \frac{243}{57} \quad (\quad)$$

① $\dfrac{727}{79}$ ② $\dfrac{729}{77}$
③ $\dfrac{741}{77}$ ④ $\dfrac{741}{78}$

18

| 2,400 | 1,200 | 600 | 300 | 150 | 75 | 37.5 | 18.75 | ( ) |

① 7.245   ② 8.175
③ 9.375   ④ 10.265

19

| 0.8 | 0.9 | 2.7 | 0.7 | 6.6 | 0.3 | 14.5 | ( ) |

① −0.5   ② −0.6
③ −0.7   ④ −0.8

20

| 6.3 | 5.6 | 7.2 | 6.5 | ( ) | 7.4 | 9 | 8.3 |

① 8.0   ② 8.1
③ 8.2   ④ 8.3

21

| −1 | 1 | 5.5 | 13.5 | 26 | 44 | ( ) | 100.5 |

① 55.5   ② 59.5
③ 62.5   ④ 68.5

22

| 77 | 35 | 42 | −7 | 49 | ( ) | 105 | −161 |

① − 54

② − 56

③ − 58

④ − 60

23

$$\frac{1}{3} \quad \frac{1}{2} \quad \frac{1}{9} \quad \frac{1}{4} \quad (\ ) \quad \frac{1}{8} \quad \frac{1}{81}$$

① $\frac{1}{27}$

② $\frac{1}{30}$

③ $\frac{1}{32}$

④ $\frac{1}{36}$

※ 일정한 규칙으로 문자나 수를 나열할 때, 빈칸에 들어갈 알맞은 문자나 수를 고르시오. [24~32]

24

Y V S P ( )

① K

② L

③ M

④ N

25

b e n o ( ) a

① p

② q

③ r

④ s

26

☆ ☆ △ △ △ ☆ ☆ □ □ □ □ □ ☆ ☆ ☆ △ △ △ ☆ ☆ ( ) □ □ □ □

① ☆   ② △
③ □   ④ △△

27

가 나 다 가 라 마 가 바 사 가 아 ( )

① 자   ② 차
③ 카   ④ 타

28

a ㄱ 2 c ㅁ 8 m ( ) 34 c

① ㅊ   ② ㅎ
③ ㅅ   ④ ㅌ

29

J L N ( ) R T

① M   ② Q
③ O   ④ P

30

	( )	U	E	W	C	Y	A

① D   ② G
③ X   ④ A

31

ㄱ ㄴ ㄷ ㄱ ㅈ ㅍ ( ) ㅊ ㅋ

① ㅍ   ② ㄱ
③ ㅅ   ④ ㅈ

32

ㄱ( )ㄷ ㄴgㅂ ㄷi( ) ㄹkㅌ

① q, ㅂ   ② f, ㅇ
③ a, ㅎ   ④ e, ㅈ

※ 유통업체인 S사는 유통대상의 정보에 따라 12자리로 구성된 분류코드를 부여하여 관리하고 있다. 이어지는 질문에 답하시오. [33~34]

<h3 style="text-align:center;">〈분류코드 생성 방법〉</h3>

- 분류코드는 상품당 하나를 부여한다.
- 분류코드는 '발송코드 – 배송코드 – 보관코드 – 운송코드 – 서비스코드' 순으로 연속된 12자리 숫자로 구성된다.
- 발송지역

발송지역	발송코드	발송지역	발송코드	발송지역	발송코드
수도권	a1	강원	a2	경상	b1
전라	b2	충청	c4	제주	t1
기타	k9	–	–	–	–

- 배송지역

배송지역	배송코드	배송지역	배송코드	배송지역	배송코드
서울	011	인천	012	강원	021
경기	103	충남	022	충북	203
경남	240	경북	304	전남	350
전북	038	제주	040	광주	042
대구	051	부산	053	울산	062
대전	071	세종	708	기타	009

- 보관구분

보관구분	보관코드	보관구분	보관코드	보관구분	보관코드
냉동	FZ	냉장	RF	파손주의	FG
고가품	HP	일반	GN	–	–

- 운송수단

운송수단	운송코드	운송수단	운송코드	운송수단	운송코드
5톤 트럭	105	15톤 트럭	115	30톤 트럭	130
항공운송	247	열차수송	383	기타	473

- 서비스종류

배송서비스	서비스코드	배송서비스	서비스코드	배송서비스	서비스코드
당일배송	01	지정일배송	02	일반배송	10

※ 수도권은 서울, 경기, 인천 지역임

33 다음 분류코드로 확인할 수 있는 정보로 옳지 않은 것은?

c4304HP11501

① 해당 제품은 충청지역에서 발송되어 경북지역으로 배송되는 제품이다.
② 냉장보관이 필요한 제품이다.
③ 15톤 트럭에 의해 배송될 제품이다.
④ 당일배송서비스가 적용된 제품이다.

34 다음 〈조건〉에 따라 제품 A에 부여할 분류코드로 옳은 것은?

> **조건**
> • A는 Q업체가 7월 5일에 경기도에서 울산지역에 위치한 구매자에게 발송한 제품이다.
> • 수산품인 만큼, 냉동 보관이 필요하며, 발송자는 택배 도착일을 7월 7일로 지정하였다.
> • A는 5톤 트럭을 이용해 배송된다.

① k9062RF10510
② a1062FZ10502
③ a1062FZ11502
④ a1103FZ10501

※ 다음은 물류창고 재고 코드에 대한 설명이다. 이어지는 질문에 답하시오. [35~38]

<표>

〈물류창고 재고 코드〉

• 물류창고 재고 코드 부여 방식
  [상품유형] – [보관유형] – [생산국가] – [유통기한] 순으로 나열된 기호
• 상품유형

식품	공산품	원자재	화학품	약품	그 외
1	2	3	4	5	6

• 보관유형

완충필요	냉장필요	냉동필요	각도조정 필요	특이사항 없음
f	r	c	t	n

• 생산국가

대한민국	중국	러시아	미국	일본	그 외
KOR	CHN	RUS	USA	JAP	ETC

• 유통기한

2주 미만	1개월 미만	3개월 미만	6개월 미만	1년 미만	3년 미만
0	1	2	3	4	5
5년 미만	10년 미만	유통기한 없음	–	–	–
6	7	8	–	–	–

〈A창고의 재고 목록〉

1rCHN3	4cKOR1	6fCHN6	6nETC2	1tJAP8
2cUSA4	5tKOR0	1nJAP2	4fRUS4	3cUSA5

35 다음 중 재고 코드가 '5rUSA2'인 재고에 대한 설명으로 옳은 것은?

① 화학품이다.

② 러시아에서 생산되었다.

③ 특정 각도에서의 보관이 필요하다.

④ 냉장보관이 필요하다.

36 다음 중 재고 코드와 설명이 잘못 연결된 것은?

① 1cCHN7 : 유통기한이 10년 미만이다.

② 2rETC0 : 냉장보관이 필요하다.

③ 3fKOR8 : 한국에서 생산되었다.

④ 6tJAP5 : 약품에 해당된다.

37 A창고의 재고들 중 러시아에서 생산된 재고가 모두 중국에서 생산된 재고로 잘못 표기되었다고 한다. 다음 중 실제로 러시아에서 생산된 재고의 개수는?(단, 실제로 중국에서 생산된 재고는 없다)

① 0개   ② 1개

③ 2개   ④ 3개

38 다음 〈보기〉의 설명에 해당하는 재고 코드는?

> **보기**
> • 유통기한은 19개월이다.
> • 냉장보관이 필요하다.
> • 우크라이나에서 생산되었다.
> • 채소류에 해당한다.

① 1fCHN4   ② 1rETC5

③ 1rETC6   ④ 1fETC5

※ 다음은 2013년 이후 생산된 스마트폰의 시리얼 번호에 대한 자료이다. 이어지는 질문에 답하시오. **[39~40]**

- 스마트폰은 다음과 같이 12자리의 시리얼 번호를 갖는다.

제조공장	생산연도	생산된 주	식별자	색상	용량
AA	BB	CC	DDD	EE	F

〈시리얼 번호 부여코드〉

제조공장	생산연도	생산된 주	식별자	색상	용량
AN : 한국 BA : 중국 CF : 베트남 DK : 인도 EP : 대만	13 : 2013년 14 : 2014년 15 : 2015년 16 : 2016년 ⋮ 23 : 2023년 24 : 2024년	01 : 첫 번째 주 02 : 두 번째 주 ⋮ 10 : 열 번째 주 ⋮	ADW : 보급 DFH : 일반 BEY : 프리미엄 HQC : 한정판 IOH : 이벤트	UY : 빨강 VS : 검정 EE : 파랑 WA : 하양 ML : 초록	M : 8GB S : 16GB T : 32GB U : 64GB

39 다음 중 한국의 공장에서 2024년 34번째 주에 생산된 하얀색 32GB 프리미엄 스마트폰의 시리얼 번호로 옳은 것은?

① AN2434BEYWAT ② AN1634BEYWAT
③ BA2434BEYWAT ④ AN2434BEYMLT

40 다음 중 A씨가 구매한 스마트폰의 시리얼 번호로 옳은 것은?

> 사진 촬영이 취미인 A씨는 기존에 사용하던 스마트폰의 용량이 부족하여 2023년에 출시된 64GB의 스마트폰을 구입하였다. A씨가 구매한 검은색 스마트폰은 인도의 공장에서 그해 첫 번째 주에 생산된 한정판 제품이다.

① DK2310HQCVSU ② DL2301HQCVSU
③ DK2301HQCVSU ④ DK1301HQCVSU

※ 다음과 같은 모양을 만드는 데 사용된 블록의 개수를 고르시오(단, 보이지 않는 곳의 블록은 있다고 가정한다).
　[1~13]

01

① 39개　　　　　　　　　　② 40개

③ 41개　　　　　　　　　　④ 47개

02

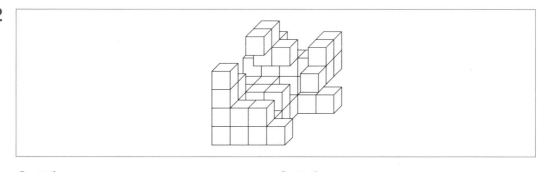

① 45개　　　　　　　　　　② 46개

③ 47개　　　　　　　　　　④ 48개

03

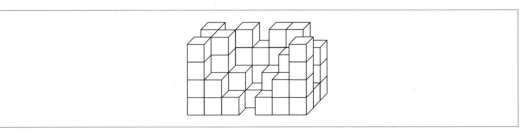

① 55개   ② 54개
③ 53개   ④ 52개

04

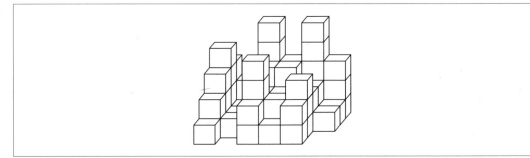

① 63개   ② 64개
③ 65개   ④ 66개

05

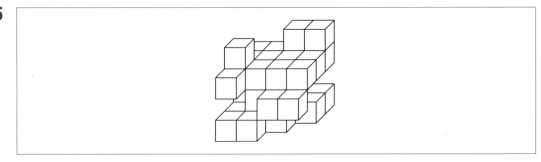

① 42개   ② 41개
③ 40개   ④ 39개

06

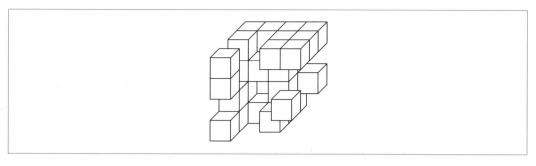

① 37개   ② 36개
③ 35개   ④ 34개

07

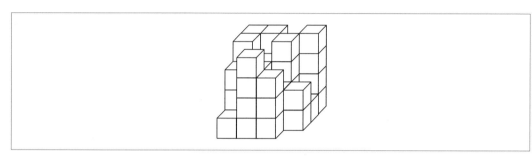

① 43개   ② 44개
③ 45개   ④ 46개

08

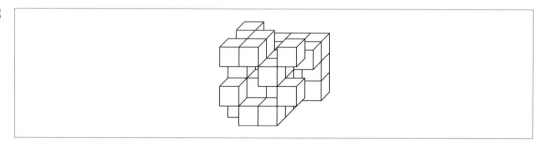

① 43개   ② 42개
③ 41개   ④ 40개

09

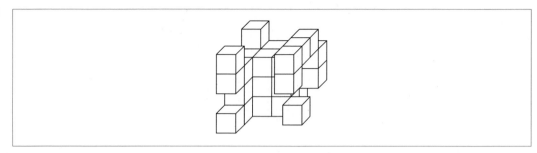

① 35개   ② 34개
③ 33개   ④ 32개

10

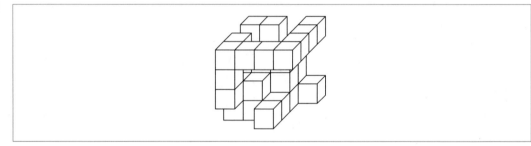

① 39개   ② 38개
③ 37개   ④ 36개

11

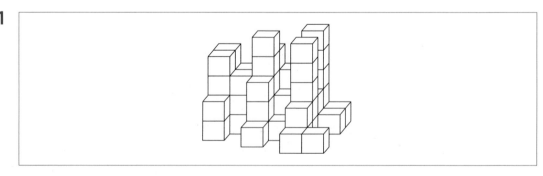

① 54개   ② 53개
③ 52개   ④ 51개

12

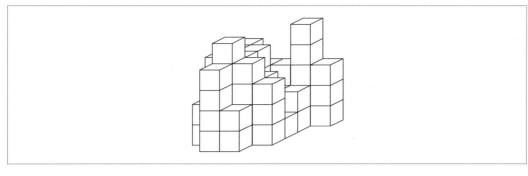

① 64개   ② 63개

③ 62개   ④ 61개

13

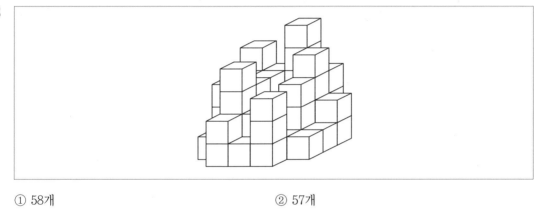

① 58개   ② 57개

③ 56개   ④ 60개

※ 다음과 같이 쌓인 블록의 면의 개수를 구하시오(단, 밑면은 제외한다). [14~15]

14

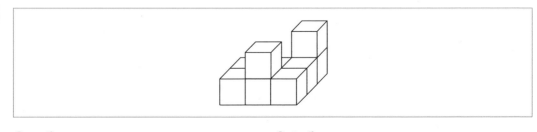

① 24개   ② 25개

③ 26개   ④ 27개

15

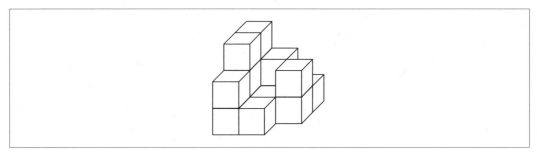

① 37개　　　　　　　　　　　② 38개
③ 39개　　　　　　　　　　　④ 40개

16 다음 제시된 문자를 오름차순으로 나열하였을 때 2번째에 오는 문자는?

T　Q　Y　ㅈ　U　ㄴ

① Q　　　　　　　　　　　　② Y
③ ㅈ　　　　　　　　　　　　④ ㄴ

17 다음 제시된 문자를 오름차순으로 나열하였을 때 1번째에 오는 문자는?

E　H　I　F　G　C

① E　　　　　　　　　　　　② H
③ F　　　　　　　　　　　　④ C

18 다음 제시된 문자를 오름차순으로 나열하였을 때 2번째에 오는 문자는?

T　ㅌ　M　ㅅ　I　ㅇ

① T　　　　　　　　　　　　② ㅇ
③ M　　　　　　　　　　　　④ ㅌ

19 다음 제시된 문자를 오름차순으로 나열하였을 때 6번째에 오는 문자는?

G	D	C	E	F	A	

① E
② G
③ C
④ A

20 다음 제시된 문자를 오름차순으로 나열하였을 때 2번째에 오는 문자는?

O	P	E	F	R	Z

① E
② O
③ P
④ F

21 다음 제시된 문자를 내림차순으로 나열하였을 때 3번째에 오는 문자는?

ㅂ	ㅍ	ㅊ	C	N	S

① ㅂ
② ㅍ
③ C
④ S

22 다음 제시된 문자를 내림차순으로 나열하였을 때 4번째에 오는 문자는?

S	Q	B	K	M	E

① Q
② K
③ M
④ E

23 다음 제시된 문자를 내림차순으로 나열하였을 때 5번째에 오는 문자는?

ㅎ O K ㅌ ㅊ H

① O　　　　　　　　　　　② ㅌ
③ K　　　　　　　　　　　④ ㅊ

24 다음 제시된 문자를 내림차순으로 나열하였을 때 1번째에 오는 문자는?(단, 모음은 일반모음 10개만 세는 것을 기준으로 한다)

ㄴ ㅈ ㅅ ㅠ ㅋ ㅣ

① ㅈ　　　　　　　　　　　② ㅠ
③ ㅣ　　　　　　　　　　　④ ㅋ

25 다음 제시된 문자를 내림차순으로 나열하였을 때 3번째에 오는 문자는?

U Q C J M F

① U　　　　　　　　　　　② Q
③ M　　　　　　　　　　　④ J

※ 다음 제시된 단어에서 공통으로 연상할 수 있는 단어를 고르시오. [26~32]

26

풍선　딱지　단물

① 바람　　　　　　　　　　② 놀이
③ 껌　　　　　　　　　　　④ 사탕

27

경찰　피　거북

① 사건　　　　　　　　　　② 딱지
③ 멸종　　　　　　　　　　④ 보호

28

성벽   목책   사드

① 전쟁　　　　　　　　　② 승리

③ 보호　　　　　　　　　④ 노동

29

산   제복   전쟁

① 고난　　　　　　　　　② 훈장

③ 나라　　　　　　　　　④ 정복

30

폼페이   콜로세움   밀라노

① 멕시코　　　　　　　　② 프랑스

③ 그리스　　　　　　　　④ 이탈리아

31

고흐   얼굴   요금

① 인상　　　　　　　　　② 핸드폰

③ 추상　　　　　　　　　④ 성형

32

축음기   영사기   99

① 벨　　　　　　　　　　② 영화

③ 음악　　　　　　　　　④ 에디슨

※ 〈보기〉의 사자성어에 해당하는 풀이를 고르시오. [33~36]

> **보기**
> ① 無信不立(무신불립) ② 背恩忘德(배은망덕)
> ③ 愚公移山(우공이산) ④ 因果應報(인과응보)

33

어떤 일이든 끊임없이 노력하면 반드시 이루어진다

①   ②   ③   ④

34

믿음과 의리의 중요성

①   ②   ③   ④

35

은혜를 배신하고 베풀어 준 덕을 잊다

①   ②   ③   ④

36

행한 대로 결실을 얻는다

①   ②   ③   ④

※ 〈보기〉의 사자성어에 해당하는 풀이를 고르시오. [37~40]

> **보기**
> ① 燈火可親(등화가친)　　　　② 天高馬肥(천고마비)
> ③ 螢雪之功(형설지공)　　　　④ 韋編三絶(위편삼절)

37
하늘이 맑아 높푸르게 보이고 온갖 곡식이 익어가는 가을철

①　　　　　　②　　　　　　③　　　　　　④

38
열심히 공부한다는 뜻

①　　　　　　②　　　　　　③　　　　　　④

39
고생을 하면서 공부하여 얻은 보람

①　　　　　　②　　　　　　③　　　　　　④

40
가을밤에 등불을 가까이 하여 글 읽기에 좋은 계절

①　　　　　　②　　　　　　③　　　　　　④

앞선 정보 제공! 도서 업데이트

언제, 왜 업데이트될까?

도서의 학습 효율을 높이기 위해 자료를 추가로 제공할 때!
공기업 · 대기업 필기시험에 변동사항 발생 시 정보 공유를 위해!
공기업 · 대기업 채용 및 시험 관련 중요 이슈가 생겼을 때!

01 시대에듀 도서
www.sdedu.co.kr/book
홈페이지 접속

02 상단 카테고리
「도서업데이트」
클릭

03 해당
기업명으로
검색

참고자료, 시험 개정사항 등 정보 제공으로 학습효율을 높여 드립니다.

2025
전면개정판

합격에듀
시대에듀

사

이

다

사일 동안
이것만 풀면
다 합격!

사이다 기출응용
모의고사 시리즈

누적 판매량
1위
대기업 인적성검사
시리즈

삼성
온라인 GSAT 4급
4회분 | 정답 및 해설

[합격시대]
온라인 모의고사
무료쿠폰
—
도서 동형
온라인 실전연습
서비스
—
UK작업태도검사
무료 제공

SDC
SDC는 시대에듀 데이터 센터의 약자로 약 30만 개의 NCS · 적성 문제
데이터를 바탕으로 최신 출제경향을 반영하여 문제를 출제합니다.

편저 | SDC(Sidae Data Center)

시대에듀

기출응용 모의고사
정답 및 해설

1일 차 기출응용 모의고사 정답 및 해설

제1영역 수리능력검사

01	02	03	04	05	06	07	08	09	10
①	①	④	②	②	②	③	④	④	①
11	12	13	14	15	16	17	18	19	20
①	②	④	①	②	④	②	③	④	②
21	22	23	24	25	26	27	28	29	30
③	②	③	④	③	②	④	④	③	③
31	32	33	34	35	36	37	38	39	40
③	④	②	①	②	④	②	①	①	③

01 정답 ①

$0.8213 + 1.8124 - 2.4424$
$= 2.6337 - 2.4424$
$= 0.1913$

02 정답 ①

$555 - 15 \div 3$
$= 555 - 5$
$= 550$

03 정답 ④

$457 + 55 \times 429 \div 33$
$= 457 + 23,595 \div 33$
$= 457 + 715$
$= 1,172$

04 정답 ②

$42 \div 7 \times 10 - 5$
$= 6 \times 10 - 5$
$= 60 - 5$
$= 55$

05 정답 ②

$71.6 \div 10 - \dfrac{4}{25}$
$= 7.16 - 0.16$
$= 7$

06 정답 ②

$12.5 + 69 \div 3$
$= 12.5 + 23$
$= 35.5$

07 정답 ③

$11.4 \div 10 - \dfrac{7}{50}$
$= 1.14 - 0.14$
$= 1$

08 정답 ④

$(6.5^2 - 3.7^2) \times \dfrac{1}{2.8}$
$= (6.5 + 3.7)(6.5 - 3.7) \times \dfrac{1}{2.8}$
$= 6.5 + 3.7$
$= 10.2$

09

$90.9 \div 10 - \dfrac{9}{100}$

$= 9.09 - 0.09$

$= 9$

10

정답 ①

$15 + 75 \div 5 \div \dfrac{1}{5}$

$= 15 + 15 \div \dfrac{1}{5}$

$= 15 + 75$

$= 90$

11

정답 ①

8명의 선수 중 4명을 뽑는 경우의 수는 $_8C_4 = \dfrac{8 \times 7 \times 6 \times 5}{4 \times 3 \times 2 \times 1} = 70$

가지이고, A, B, C를 포함하여 4명을 뽑는 경우의 수는 A, B, C를 제외한 5명 중 1명을 뽑으면 되므로 $_5C_1 = 5$가지이다.

따라서 구하는 확률은 $\dfrac{5}{70} = \dfrac{1}{14}$ 이다.

12

정답 ②

팀원 수를 x명이라고 하자.

$\dfrac{30 \times x + 25}{x + 1} = 29$

$\rightarrow 30x + 25 = 29x + 29$

$\therefore x = 4$

따라서 신입이 들어오기 전의 팀원 수는 4명이다.

13

정답 ④

긴 빵의 길이를 $x$cm, 짧은 빵의 길이를 $(50-x)$cm라고 하자.

$x = 2(50 - x) + 5$

$\rightarrow 3x = 105$

$\therefore x = 35$

따라서 긴 빵의 길이는 35cm이다.

14

정답 ①

세 변의 최대공약수를 묻는 문제이다.

39, 65, 91의 최대공약수는 13이므로 한 변이 13cm인 정육면체 타일로 채울 수 있다.

15

정답 ②

A와 B의 속력을 각각 x, ym/min라고 하자.

$5(x+y) = 2,000 \cdots \text{㉠}$

$10(x-y) = 2,000 \cdots \text{㉡}$

㉠과 ㉡을 연립하면

$\therefore x = 300, \ y = 100$

따라서 A의 속력은 300m/min이다.

16

정답 ④

놀이기구의 개수를 x개라고 하자.

$5x + 12 = 6(x-2) + 2$

$\rightarrow 5x + 12 = 6x - 10$

$\therefore x = 22$

즉, 놀이기구의 개수는 22개이고, 사람은 $5 \times 22 + 12 = 122$명이다.

따라서 줄을 서 있는 사람 수와 놀이기구 개수의 합은 $22 + 122 = 144$이다.

17

정답 ②

• 집 → 놀이터 → 학교 : $4 \times 5 = 20$가지

• 집 → 학교 : 2가지

따라서 집에서 학교까지 갈 수 있는 경우의 수는 $20 + 2 = 22$가지이다.

18

정답 ③

$\dfrac{(1,000 \times 5.5) + (200 \times 7)}{1,000 + 200}$

$= \dfrac{6,900}{1,200}$

$= 5.75$

따라서 전체 평균 만족도는 5.75점이다.

19

정답 ④

아들의 나이를 x세라고 하면 다음과 같은 식이 성립한다.

$42 + x = 2(42 - x)$

$\therefore x = 14$

따라서 아들의 나이는 14세이다.

20

정답 ②

두 소금물을 모두 섞으면 소금물의 양은 1,000g이 되고, 각 소금물에 들어있는 소금의 양은 다음과 같다.

• 농도가 8%인 소금물 200g에 들어있는 소금의 양 : $200 \times \dfrac{8}{100}$

$= 16$g

- 농도가 3%인 소금물 800g에 들어있는 소금의 양 : $800 \times \dfrac{3}{100}$

  $=24g$

따라서 두 소금물을 모두 섞었을 때 소금물의 농도는 $\dfrac{16+24}{1,000} \times$

$100=4\%$이다.

21 　　　　　　　　　　　　　　　　정답 ③

장미꽃 1송이의 가격을 x원이라고 하자.

$7x+4,500=29,000$

$\rightarrow 7x=24,500$

$\therefore x=3,500$

따라서 장미꽃 1송이의 가격은 3,500원이다.

22 　　　　　　　　　　　　　　　　정답 ②

일의 양을 1이라고 하면 A, B가 하루에 할 수 있는 일의 양은 각각

$\dfrac{1}{4}$, $\dfrac{1}{6}$이다. B가 혼자 일하는 기간을 x일이라고 하자.

$\dfrac{1}{4} \times 2 + \dfrac{1}{6} \times x = 1$

$\therefore x=3$

따라서 B가 혼자 일을 하는 기간은 3일이다.

23 　　　　　　　　　　　　　　　　정답 ③

- 둘 다 흰 공을 꺼낼 확률 : $\dfrac{5}{8} \times \dfrac{4}{7} = \dfrac{5}{14}$

- 둘 다 검은 공을 꺼낼 확률 : $\dfrac{3}{8} \times \dfrac{2}{7} = \dfrac{3}{28}$

따라서 공을 연속하여 2개 꺼낼 때, 모두 흰 공이거나 모두 검은

공일 확률은 $\dfrac{5}{14} + \dfrac{3}{28} = \dfrac{10}{28} + \dfrac{3}{28} = \dfrac{13}{28}$이다.

24 　　　　　　　　　　　　　　　　정답 ④

1바퀴를 도는 데 갑은 2분, 을은 3분, 병은 4분이 걸린다. 2, 3, 4의 최소공배수는 12이므로 3명이 다시 만나기까지 걸리는 시간은 12분이다.

따라서 3명이 출발점에서 다시 만나는 시각은 4시 42분이다.

25 　　　　　　　　　　　　　　　　정답 ③

사야 하는 감의 개수를 x개, 사과의 개수를 $(20-x)$개라고 하자.

$400x+700 \times (20-x) \leq 10,000$

$\rightarrow 14,000-300x \leq 10,000$

$\therefore x \geq \dfrac{40}{3} = 13.333 \cdots$

따라서 감은 최소 14개를 사야 한다.

26 　　　　　　　　　　　　　　　　정답 ②

연속하는 세 자연수를 각각 $x-1$, x, $x+1$이라고 하자.

$(x-1)+x+(x+1)=114$

$\rightarrow 3x=114$

$\therefore x=38$

따라서 가장 작은 자연수는 $38-1=37$이다.

27 　　　　　　　　　　　　　　　　정답 ④

최소 인구인 도시의 인구수 대비 최대 인구인 도시의 인구수 비는 지속적으로 감소해 2013년에 약 3.56배까지 감소했으나, 2023년에 약 3.85배로 다시 증가하였다.

오답분석

① 2013년을 기점으로 A도시와 B도시의 인구수 순위가 뒤바뀐다.

② B와 C도시는 조사기간 동안 인구가 지속적으로 증가하였으나, A도시의 경우 2003년 이후 지속적으로 인구가 줄고 있다.

③ B도시는 조사기간 동안 약 38%, 54%, 59%의 인구 성장률을 보이며 세 도시 중 가장 큰 성장률을 기록했다.

28 　　　　　　　　　　　　　　　　정답 ④

$(가)=723-(76+551)=96$

$(나)=824-(145+579)=100$

$(다)=887-(137+131)=619$

$(라)=114+146+688=948$

따라서 $(가)+(나)+(다)+(라)=96+100+619+948=1,763$이다.

29 　　　　　　　　　　　　　　　　정답 ③

뇌혈관 질환으로 사망할 확률은 남성이 54.7, 여성이 58.3으로 남성이 여성보다 낮다.

30 　　　　　　　　　　　　　　　　정답 ③

A국가의 하층 비율 증가 폭은 $59-26=33\%$p이고, B국가의 증가 폭은 $66-55=11\%$p이다.

오답분석

① A국가의 상층 비율은 11%p 증가하였다.

② 중층 비율은 A국가에서 44%p, B국가에서 17%p 감소하였다.

④ B국가는 2014년과 2024년 모두 하층 비율이 가장 높다.

31 　　　　　　　　　　　　　　　　정답 ③

영국은 2020년에는 두 번째, 2021년에는 네 번째, 2022년에는 세 번째, 2023년에는 첫 번째, 2024년에는 두 번째로 물가가 높다.

32
정답 ④

전체 학생의 월평균 총교육비 대비 초등학생의 월평균 총교육비의 비율은 $\dfrac{800 \times 25.3}{1,500 \times 27.2} \times 100 = \dfrac{202.4}{408} \times 100 = 49.6\%$이다.

33
정답 ②

중학교 전체 학생의 월평균 총교육비에서 중학교 사교육 참여 학생의 월평균 총사교육비가 차지하는 비율은 $\dfrac{600 \times 0.4 \times 44.8}{600 \times 31.2} \times$ $100 = \dfrac{0.4 \times 44.8}{31.2} \times 100 = 57.4\%$이다.

34
정답 ①

- 2024년 일본 수입 : $647,989 - 812,222$
  $= -164,233$백만 달러
- 2024년 미국 수입 : $2,241,663 - 2,347,684$
  $= -106,021$백만 달러
- 2023년 미국 수출 : $1,620,483 - 1,578,429$
  $= 42,054$백만 달러
- 2022년 한국 수출 : $559,625 - 547,861$
  $= 11,764$백만 달러

따라서 전년 대비 2024년 일본 수입액의 증감 폭이 가장 크다.

35
정답 ②

2024년 일본 무역액은 $647,989 + 624,801 = 1,272,790$백만 달러이므로 2025년 일본의 무역액은 $1,272,790 \times (1 - 0.12) =$ $1,120,055.2$백만 달러이다. 따라서 약 $1,120,055$백만 달러이다.

36
정답 ④

2021년, 2023년 그리고 2024년의 평균 이혼 연령은 평균 재혼 연령보다 높다.

오답분석

① 평균 초혼·이혼·재혼 연령은 전년에 비해 증가하므로 맞는 설명이다.
② 평균 초혼 연령대는 2021년까지는 20대였지만, 2022년부터는 30대이므로 맞는 설명이다.
③ 전년 대비 평균 초혼 연령 증가량은 2021년은 $29.1 - 28.7 = 0.4$세, 2024년은 $32.6 - 31.8 = 0.8$세로 2021년이 2024년보다 낮다.

37
정답 ②

전년 대비 연령 차이를 표로 정리하면 다음과 같다.

(단위 : 세)

구분	2019년	2020년	2021년	2022년	2023년	2024년
평균 초혼 연령	26.8	28.7	29.1	30.0	31.8	32.6
전년 대비 평균 초혼 연령 증가량	–	1.9	0.4	0.9	1.8	0.8
평균 이혼 연령	40.7	41.5	42.8	44.0	45.9	47.2
전년 대비 평균 이혼 연령 증가량	–	0.8	1.3	1.2	1.9	1.3
평균 재혼 연령	41.1	41.9	42.5	44.4	45.7	46.8
전년 대비 평균 재혼 연령 증가량	–	0.8	0.6	1.9	1.3	1.1

따라서 전년 대비 평균 초혼·이혼·재혼 연령이 가장 많이 증가한 해는 각각 2020년, 2023년, 2022년이다.

38
정답 ①

ㄱ. 자체 재원조달금액 중 국내투자에 사용되는 금액이 차지하는 비중은 $\dfrac{2,682}{4,025} \times 100 = 66.6\%$이므로 옳은 설명이다.
ㄴ. 해외재원은 국내투자와 해외투자로 양분되나 국내투자분이 없으므로 옳은 설명이다.

오답분석

ㄷ. 국내재원 중 정부조달금액이 차지하는 비중은 $\dfrac{2,288}{6,669} \times 100$ $= 34.3\%$이므로 40% 미만이다.
ㄹ. 국내재원 중 해외투자금액 대비 국내투자금액의 비율은 $\dfrac{5,096}{1,573} \times 100 = 323.9\%$이므로 3배 이상이다.

39
정답 ①

하루 평균 총 200잔이 팔렸다면, 카페라테는 전체에서 25%, 에스프레소는 6%이므로 각각 50잔, 12잔이 판매되었다.
따라서 카페라테는 에스프레소보다 $50 - 12 = 38$잔이 더 팔렸다.

40
정답 ③

오늘 판매된 커피 180잔 중 아메리카노는 50%로 90잔이 판매되었고, 매출은 $90 \times 2,000 = 180,000$원이다.

01	02	03	04	05	06	07	08	09	10
③	①	①	③	③	①	③	①	③	①
11	12	13	14	15	16	17	18	19	20
③	④	①	②	①	③	④	④	①	①
21	22	23	24	25	26	27	28	29	30
③	①	④	③	④	③	④	③	①	②
31	32	33	34	35	36	37	38	39	40
④	①	③	④	④	③	②	②	②	④

01
정답 ③

D는 B보다 작은 220을 신을 수도 있고, 큰 240을 신을 수도 있다. 따라서 알 수 없다

02
정답 ①

220 사이즈 신발이 없어지면 다음 두 가지 경우가 성립한다.

구분	경우 1	경우 2
230	B	D
240	D	B
250	A	A
260	C	C

따라서 C는 가장 큰 260 사이즈의 신발을 신으므로, 참이다.

03
정답 ①

민희 – 나경 – 예진, 재은 – 이현 – 예진 순으로 손이 크다. 따라서 예진이보다 손이 더 작은 사람은 없다.

04
정답 ③

이현이와 나경이는 모두 예진이보다 손이 크긴 하지만 둘 다 공통적으로 어떤 사람보다 손이 작은지 나와 있지 않기 때문에 알 수 없다.

05
정답 ③

제시문에 따르면 두 가지의 경우가 성립한다.

구분	경우 1	경우 2
5층	D	E
4층	B	C
3층	A	A
2층	C	B
1층	E	D

경우 1에서 B는 A보다 위층이지만, 경우 2에서 B는 A보다 아래층이다. 따라서 제시문이 참인지 거짓인지 알 수 없다.

06
정답 ①

05번 해설에 따르면, A부서는 항상 3층에 위치한다.

07
정답 ③

미희는 매주 수요일마다 요가 학원에 가고, 요가 학원에 가면 항상 9시에 집에 온다. 그러나 미희가 9시에 집에 오는 날은 수요일일 수도 있고 다른 요일일 수도 있으므로 알 수 없다.

08
정답 ①

보건용 마스크의 'KF' 뒤 숫자가 클수록 미세입자 차단 효과가 더 크므로 KF80보다 KF94 마스크의 미세입자 차단 효과가 더 크다. 또한 모든 사람들은 미세입자 차단 효과가 더 큰 마스크를 선호하므로 '민호는 KF80의 보건용 마스크보다 KF94의 보건용 마스크를 선호한다.'는 참이 된다.

09
정답 ③

'인슐린이 제대로 생기지 않는 사람은 당뇨병에 걸리게 된다.'는 '인슐린은 당뇨병에 걸리지 않게 하는 호르몬이다.'의 역이며, 역은 참일 수도 있고 거짓일 수도 있다. 따라서 인슐린이 제대로 생기지 않는 사람이 당뇨병에 걸리게 되는지는 알 수 없다.

10
정답 ①

'초콜릿을 좋아하는 사람'을 p, '사탕을 좋아하는 사람'을 q, '젤리를 좋아하는 사람'을 r, '캐러멜을 좋아하는 사람'을 s라고 하면 $p \rightarrow q$, $r \rightarrow s$, $\sim q \rightarrow \sim s$가 성립한다. $\sim q \rightarrow \sim s$의 대우는 $s \rightarrow q$이므로 $r \rightarrow s \rightarrow q$에 따라 $r \rightarrow q$가 성립한다. 따라서 '젤리를 좋아하는 사람은 사탕을 좋아한다.'는 참이 된다.

11

정답 ③

앞의 항에 +1, +2, +3, +4, +5, …을 적용하는 수열이다.
따라서 (   )=18+5=23이다.

12

정답 ④

×2, −7을 번갈아 적용하는 수열이다.
따라서 (   )=(−17)×2=−34이다.

13

정답 ①

앞의 항에 −6, −5, −4, −3, −2, −1, …을 적용하는 수열이다.
따라서 (   )=−35−1=−36이다.

14

정답 ②

홀수 항은 +14, 짝수 항은 +7을 적용하는 수열이다.
따라서 (   )=−28+14=−14이다.

15

정답 ①

분자는 +14이고, 분모는 ×5인 수열이다.
따라서 (   )$=\dfrac{16+14}{25\times5}=\dfrac{30}{125}$ 이다.

16

정답 ③

분자는 −80이고, 분모는 +8인 수열이다.
따라서 (   )$=\dfrac{58-8}{102+8}=\dfrac{50}{110}$ 이다.

17

정답 ④

분자는 +3, +2, +1, 0, …이고, 분모는 −7, −6, −5, −4, …인 수열이다.
따라서 (   )$=\dfrac{33+0}{340-4}=\dfrac{33}{336}$ 이다.

18

정답 ④

+1.6, −2.4, +3.2, −4, +4.8, …을 적용하는 수열이다.
따라서 (   )=−3.6+4.8=1.2이다.

19

정답 ①

나열된 수를 각각 A, B, C, D라고 하면
$\underline{A\ B\ C\ D} \rightarrow A+B=C+D$
따라서 (   )=9+4−3=10이다.

20

정답 ①

나열된 수를 각각 A, B, C, D라고 하면
$\underline{A\ B\ C\ D} \rightarrow A+B=2(C+D)$
따라서 (   )=(2+6)÷2−2=2이다.

21

정답 ③

나열된 수를 각각 A, B, C라고 하면
$\underline{A\ B\ C} \rightarrow A^2+2B=C$
따라서 (   )=$5^2+2\times9$=43이다.

22

정답 ①

홀수 항은 +2, 짝수 항은 +3을 적용하는 수열이다.

A	A	C	D	E	G	G	(J)
1	1	3	4	5	7	7	(10)

23

정답 ④

앞의 항에 ×2를 적용하는 수열이다.

A	B	D	H	P	(F)
1	2	4	8	16	32 (26+6)

24

정답 ③

앞의 항에 −5, −4, −3, −2, −1, …을 적용하는 수열이다.

Y	T	P	M	K	(J)
25	20	16	13	11	10

25

정답 ④

앞의 항에 ×2를 적용하는 수열이다.

ㅏ	ㄴ	ㅕ	ㅇ	ㅛ	(ㄹ)
1	2	4	8	16 (10+6)	32 (28+4)

26

정답 ③

앞의 항에 −6, −5, −4, −3, −2, …를 적용하는 수열이다.

ㅇ	ㄴ	ㅋ	ㅜ	ㅕ	(ㅑ)
22 (14+8)	16 (14+2)	11	7	4	2

27

정답 ④

앞의 항에 −1, +3을 번갈아 적용하는 수열이다.

ㅗ	ㅕ	ㅜ	ㅛ	ㅡ	(ㅠ)
5	4	7	6	9	8

28

정답 ③

앞의 항에 ×2를 적용하는 수열이다.

A	ㄷ	ㅕ	H	P	(F)
1	2	4	8	16	32 (26+6)

29

정답 ①

앞의 항에 ×2를 적용하는 수열이다.

ㅏ	ㄴ	D	H	ㄴ	(ㄹ)
1	2	4	8	16 (14+2)	32 (28+4)

30

정답 ②

앞의 항에 ÷2를 적용하는 수열이다.

F	P	ㅇ	ㅕ	B	(ㄱ)
32 (26+6)	16	8	4	2	1

31

정답 ④

홀수 항은 +2, 짝수 항은 −2를 적용하는 수열이다.

ㅁ	N	ㅜ	ㅌ	I	(J)
5	14	7	12	9	10

32

정답 ①

앞의 항에 각각 +1, −2, +3, −4, +5, …를 적용하는 수열이다.

E	ㅂ	ㄹ	G	ㅕ	(H)
5	6	4	7	3	8

33

정답 ③

앞의 항에 +5를 적용하는 수열이다.

C	ㅠ	M	ㄹ	W	(ㅎ)
3	8	13	18 (14+4)	23	28 (14+14)

34

정답 ④

부여 방식에 따라 제품 코드를 해석하면 다음과 같다.
- U – 공용
- K – 아동
- WI – 겨울
- O – 스포츠
- T6 – 바지
- M – M사이즈

35

정답 ④

성별 구분 없이 입을 수 있어야 하므로 남녀공용(U) 성인(A)의 티셔츠(T3)로 제작해야 하며, 여름용(SU) 소재로 제작하되 운동 경기에서 활동이 편하도록 스포츠용(O)의 L사이즈로 제작해야 한다.
따라서 [성별] − [연령] − [계절] − [용도] − [유형] − [사이즈] 순의 코드 부여 방식에 따라 S사가 생산한 단체복의 제품 코드로는 'UASUOT3L'이 적절하다.

36

정답 ③

U는 용도 구분에서 찾아볼 수 없는 코드이다.

오답분석
① MCWIIT6XL : 남성용, 유아, 겨울, 이너웨어, 바지, XL사이즈
② MISSHT3M : 남성용, 영아, 춘추, 홈웨어, 티셔츠, M사이즈
④ WAFOCT6L : 여성용, 성인, 사계절, 캐주얼, 바지, L사이즈

37

홈웨어(H)와 이너웨어(I)이므로, 다섯 번째 영문이 H와 I인 것을 찾는다.
MKSU**H**T6L, MCSU**I**T3M, WJSU**H**T7M, WKSU**I**T6XL, UKS
U**I**T3XL
따라서 S사가 대리점으로 발송해야 할 홈웨어와 이너웨어의 총개수는 5개이다.

38

정답 ②

복지대상자가 2개 이상 항목에 해당 시 임의로 하나만 입력해야 하므로 복지대상자가 노년층에만 해당하는지, 중복해서 해당하는지는 복지코드만으로는 파악할 수 없다.

오답분석
① EN(에너지바우처) 복지의 주제가 R(주거)이므로 옳은 설명이다.
③ 5~6번째 자리가 월평균소득에 대한 내용이므로 A2는 옳은 설명이다.
④ 복지코드에 01(관할주민센터)이라고 기입되어 있으므로 옳은 설명이다.

39

정답 ②

부여 방식 순으로 정리하면 다음과 같다.
• 복지분류 : 언어발달지원 → LA
• 주제 : 교육 → D
• 대상 : 영유아 또는 다문화 → 0 또는 6
• 월평균소득 : 120% 이하 → B2
• 신청기관 : 시·군·구청 → 00
• 신청방법 : 온라인 → ON
따라서 A의 복지코드는 'LAD6B200ON'이다.

40

정답 ④

ㄴ. HOR4A100EM : 영구임대주택공급 – 주거 – 노년 – 50% 이하 – 시·군·구청 – 우편
ㄹ. EDD4B204CA : 정보화교육 – 교육 – 노년 – 120% 이하 – 고용지원센터 – 전화

오답분석
ㄱ. EDOE3A201ON : 복지코드는 총 10자리로 사용할 수 없는 코드이다.
ㄷ. LOD3N103VS : N1은 월평균소득에 없는 표기이다.

제**3**영역 지각능력검사

01	02	03	04	05	06	07	08	09	10
③	③	①	③	④	②	④	①	④	③
11	12	13	14	15	16	17	18	19	20
④	①	③	④	②	①	①	④	①	④
21	22	23	24	25	26	27	28	29	30
③	③	②	③	②	①	③	③	④	④
31	32	33	34	35	36	37	38	39	40
④	②	④	①	④	③	③	①	④	②

01

정답 ③

• 1층 : 4+4+3+1=12개
• 2층 : 4+2+2+0=8개
• 3층 : 3+1+1+1=6개
• 4층 : 0+1+3+0=4개
• 5층 : 0+0+2+2=4개
• 6층 : 3+1+1+0=5개
∴ 12+8+6+4+4+5=39개

02

정답 ③

• 1층 : 4+4+5+3+4=20개
• 2층 : 4+2+5+3+2=16개
• 3층 : 3+2+2+1+0=8개
• 4층 : 3+1+1+1+0=6개
• 5층 : 2+1+1+0+0=4개
∴ 20+16+8+6+4=54개

03

정답 ①

• 1층 : 4+5+4+2+4=19개
• 2층 : 4+4+3+2+2=15개
• 3층 : 3+3+1+2+0=9개
• 4층 : 2+0+1+1+0=4개
• 5층 : 1+0+1+0+0=2개
∴ 19+15+9+4+2=49개

04

- 1층 : 4+5+5+4+3=21개
- 2층 : 4+5+3+1+1=14개
- 3층 : 3+5+2+0+1=11개
- 4층 : 2+2+1+0+1=6개
- 5층 : 1+0+1+0+0=2개
- ∴ 21+14+11+6+2=54개

05

- 1층 : 2+4+5+5+3=19개
- 2층 : 2+3+3+5+1=14개
- 3층 : 1+2+3+3+0=9개
- 4층 : 0+2+3+1+0=6개
- 5층 : 0+1+1+1+0=3개
- ∴ 19+14+9+6+3=51개

06

- 1층 : 4+5+5+4+2=20개
- 2층 : 3+5+4+4+1=17개
- 3층 : 3+4+4+2+0=13개
- 4층 : 3+3+2+0+0=8개
- 5층 : 3+2+0+0+0=5개
- ∴ 20+17+13+8+5=63개

07

- 1층 : 5+4+3+4+2=18개
- 2층 : 4+2+2+3+2=13개
- 3층 : 4+1+2+1+1=9개
- 4층 : 2+0+2+1+1=6개
- 5층 : 1+0+2+0+1=4개
- ∴ 18+13+9+6+4=50개

08

- 1층 : 4+5+5+5+3=22개
- 2층 : 3+5+5+5+2=20개
- 3층 : 3+3+4+3+0=13개
- 4층 : 2+3+1+0+0=6개
- 5층 : 1+3+1+0+0=5개
- ∴ 22+20+13+6+5=66개

09

- 1층 : 5+4+4+5+4=22개
- 2층 : 5+3+4+5+2=19개
- 3층 : 4+3+3+2+0=12개
- 4층 : 4+2+0+0+0=6개
- 5층 : 2+0+0+0+0=2개
- ∴ 22+19+12+6+2=61개

10

- 1층 : 3+5+3+5+4+2=22개
- 2층 : 2+3+2+5+4+1=17개
- 3층 : 0+2+2+5+2+1=12개
- 4층 : 0+1+2+1+1+0=5개
- 5층 : 0+0+1+0+0+0=1개
- ∴ 22+17+12+5+1=57개

11

- 1층 : 4+5+4+3+2=18개
- 2층 : 0+4+3+1+1=9개
- 3층 : 1+2+1+0+0=4개
- 4층 : 0+0+1+2+2=5개
- ∴ 18+9+4+5=36개

12

- 1층 : 2+3+5+5+2+3=20개
- 2층 : 1+2+4+4+2+2=15개
- 3층 : 1+1+2+1+2+0=7개
- 4층 : 1+0+2+1+1+0=5개
- 5층 : 0+0+1+1+0+0=2개
- ∴ 20+15+7+5+2=49개

13

- 1층 : 5+3+5+4+4+3=24개
- 2층 : 4+2+5+3+4+2=20개
- 3층 : 1+2+4+2+3+1=13개
- 4층 : 0+1+2+1+2+0=6개
- 5층 : 0+1+1+0+1+0=3개
- ∴ 24+20+13+6+3=66개

14

정답 ④

- 1층 : 4+2+4+3+3+4=20개
- 2층 : 3+1+3+3+2+3=15개
- 3층 : 3+0+1+3+1+0=8개
- 4층 : 2+0+1+2+0+0=5개
- 5층 : 0+0+0+1+0+0=1개

∴ 20+15+8+5+1=49개

15

정답 ②

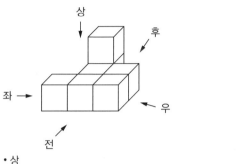

- 상

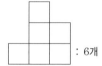 : 6개

- 전

 : 4개

- 후

 : 4개

- 좌

 : 4개

- 우

 : 4개

∴ 6+4+4+4+4=22개

16

정답 ①

제시된 문자를 오름차순으로 나열하면 'ㄷ－ㅁ－ㅅ－K－R－Y'이므로 3번째에 오는 문자는 'ㅅ'이다.

17

정답 ①

제시된 문자를 오름차순으로 나열하면 'H－J－L－ㅍ－ㅎ－O'이므로 4번째에 오는 문자는 'ㅍ'이다.

18

정답 ④

제시된 문자를 오름차순으로 나열하면 'A－ㅑ－ㅗ－G－ㅠ－I'이므로 4번째에 오는 문자는 'G'이다.

19

정답 ①

제시된 문자를 오름차순으로 나열하면 'ㅊ－K－ㅌ－M－ㅎ－O'이므로 4번째에 오는 문자는 'M'이다.

20

정답 ④

제시된 문자를 오름차순으로 나열하면 'ㄴ－ㅓ－D－ㅗ－F－ㅅ'이므로 4번째에 오는 문자는 'ㅗ'이다.

21

정답 ③

제시된 문자를 오름차순으로 나열하면 'G－H－K－L－M－O'이므로 3번째에 오는 문자는 'K'이다.

22

정답 ③

제시된 문자를 내림차순으로 나열하면 'W－T－ㅌ－J－ㅈ－C'이므로 5번째에 오는 문자는 'ㅈ'이다.

23

정답 ②

제시된 문자를 내림차순으로 나열하면 'ㅣ－ㅠ－ㅛ－ㅗ－ㅕ－ㅏ'이므로 4번째에 오는 문자는 'ㅗ'이다.

24

정답 ②

제시된 문자를 내림차순으로 나열하면 'V－S－ㅍ－ㅋ－J－ㄹ'이므로 3번째에 오는 문자는 'ㅍ'이다.

25

정답 ③

제시된 문자를 내림차순으로 나열하면 'ㅊ－G－ㅂ－E－D－ㄱ'이므로 5번째에 오는 문자는 'D'이다.

26

정답 ①

제시된 문자를 내림차순으로 나열하면 'ㅡ-ㅠ-F-ㅗ-D-ㄷ'이므로 4번째에 오는 문자는 'ㅗ'이다.

27

정답 ③

제시된 문자를 내림차순으로 나열하면 'ㅈ-ㅅ-ㅛ-E-ㄷ-ㅑ'이므로 4번째에 오는 문자는 'E'이다.

28

정답 ③

융통성 없이 자기 주장만 내세우는 사람을 뜻하는 '고집'불통, '전화'나 '다리' 등이 서로 통하지 아니함을 의미하는 단어를 통해 '불통'을 연상할 수 있다.

29

정답 ④

사과의 제철 '가을', 사과 '나무', 사과 '파이'를 통해 '사과'를 연상할 수 있다.

30

정답 ④

'캥거루', '코알라', '딩고'는 호주에서만 서식하는 '야생동물'이다.

31

정답 ④

아마존은 원시 '부족'이 살고 있는 '열대' 우림으로, 미국의 동명 'IT' 기업을 통해 '아마존'을 연상할 수 있다.

32

정답 ②

'탱고', '줌바', '맘보'는 모두 춤의 한 종류이므로 '춤'을 연상할 수 있다.

33

정답 ④

守株待兔(수주대토)는 '그루터기를 지켜 토끼를 기다린다.'는 뜻으로, 고지식하고 융통성이 없어 구습과 전례만 고집함을 이르는 말이다.

34

정답 ①

管鮑之交(관포지교)는 '옛날 중국의 관중과 포숙(鮑叔)처럼 친구 사이가 다정함'이라는 뜻으로, 친구 사이의 매우 다정하고 허물없는 교제를 이르는 말이다.

35

정답 ②

教學相長(교학상장)은 '가르침과 배움이 서로 진보시켜 준다.'는 뜻으로, 가르치고 배우는 과정에서 스승과 제자가 함께 성장함을 이르는 말이다.

36

정답 ③

立身揚名(입신양명)은 '자신의 뜻을 확립하고 이름을 드날린다.'는 뜻으로, 사회적으로 인정받고 유명해짐을 이르는 말이다.

37

정답 ③

漁夫之利(어부지리)는 '어부의 이익'이라는 뜻으로, '둘이 다투는 틈을 타서 엉뚱한 제3자가 이익을 가로챔'을 이르는 말이다.

38

정답 ①

溫故知新(온고지신)은 '옛것을 익히고 그것을 미루어서 새것을 앎'이라는 뜻으로, 옛 학문을 되풀이하여 연구하고, 현실을 처리할 수 있는 새로운 학문을 이해하여야 비로소 남의 스승이 될 자격이 있다는 뜻을 이르는 말이다.

39

정답 ④

過猶不及(과유불급)은 '모든 사물이 정도를 지나치면 미치지 못한 것과 같다.'는 뜻으로, 중용이 중요함을 이르는 말이다.

40

정답 ②

事必歸正(사필귀정)은 '처음에는 시비 곡직을 가리지 못하여 그릇되더라도 모든 일은 결국(結局)에 가서는 반드시 정리로 돌아감'을 이르는 말이다.

2일 차 기출응용 모의고사 정답 및 해설

제1영역 수리능력검사

01	02	03	04	05	06	07	08	09	10
④	④	②	③	④	③	②	①	①	①
11	12	13	14	15	16	17	18	19	20
③	④	①	③	④	③	③	①	②	①
21	22	23	24	25	26	27	28	29	30
②	③	④	③	②	③	④	③	④	②
31	32	33	34	35	36	37	38	39	40
②	③	①	②	④	④	①	③	④	③

01 정답 ④

$455 \div 7 + 6 \times 31$
$= 65 + 186$
$= 251$

02 정답 ④

$56 \div 7 + 10 \times 25$
$= 8 + 250$
$= 258$

03 정답 ②

$120 - 50 \div 5 \times 6$
$= 120 - 10 \times 6$
$= 120 - 60$
$= 60$

04 정답 ③

$10 \times 10^2 \times 10^2 \times 10^3$
$= 10^{1+2+2+3}$
$= 10^8$

05 정답 ④

$206 + 644 + 677$
$= 850 + 677$
$= 1,527$

06 정답 ③

$525 \div 15 - 5 + 20$
$= 35 - 5 + 20$
$= 50$

07 정답 ②

$88 \div 8 \times 10 \times \frac{1}{5}$
$= 11 \times 10 \times \frac{1}{5}$
$= 110 \times \frac{1}{5}$
$= 22$

08 정답 ①

$90 \times \frac{1}{3} - 9 \times 0.1$
$= 30 - 0.9$
$= 29.1$

09 정답 ①

$1,113 \div 371 + 175$
$= 3 + 175$
$= 178$

10

정답 ①

$20 + 4 \div \dfrac{1}{5} \div 2$

$= 20 + 20 \div 2$

$= 20 + 10$

$= 30$

11

정답 ③

- 5명이 일렬로 줄을 서는 경우의 수
  : $5! = 5 \times 4 \times 3 \times 2 \times 1 = 120$가지
- 현호, 진수가 양 끝에 서는 경우의 수
  : $2 \times 3! = 12$가지

현호와 진수가 양 끝에 줄을 설 확률은 $\dfrac{12}{120} = \dfrac{1}{10}$ 이다.

따라서 $a + b = 11$이다.

12

정답 ④

작년 남자 사원 수를 x명, 여자 사원 수를 y명이라고 하자.

$x + y = 500 \cdots \bigcirc$

$0.9x + 1.4y = 500 \times 1.08 \rightarrow 0.9x + 1.4y = 540 \cdots \bigcirc$

$\bigcirc$과 $\bigcirc$을 연립하면

$\therefore \ x = 320, \ y = 180$

따라서 작년 남자 사원 수는 320명이다.

13

정답 ①

현재 현식이의 나이를 x세라고 하면 아버지의 나이는 $(x + 18)$세이다.

$3(x + 4) = x + 18 + 4$

$\therefore \ x = 5$

따라서 현식이의 2년 전 나이는 3세이다.

14

정답 ③

- 타일의 가로 길이 : 56cn
- 타일의 세로 길이 : $56 \times 3 \div 4 = 42$cm
- 56과 42의 최소공배수 : 168

따라서 정사각형 타일의 한 변의 길이는 168cm이다.

15

정답 ④

기차는 다리의 길이인 800m에 기차의 길이 100m를 더한 총 900m(0.9km)를 36초(0.01시간) 동안 이동했다.

따라서 (속력)$= \dfrac{(거리)}{(시간)}$이므로 기차의 속력은 $\dfrac{0.9}{0.01} = 90$km/h이다.

16

정답 ③

등산 동아리가 예약한 방의 개수를 x개라고 하자.

$6x + 12 = 7(x - 3) + 6$

$\rightarrow \ 6x + 12 = 7x - 21 + 6$

$\rightarrow \ x = 12 + 15$

$\therefore \ x = 27$

따라서 등산 동아리에서 예약한 방의 개수는 총 27개이다.

17

정답 ③

- 주사위 A에서 2 또는 4의 눈이 나오는 경우의 수 : 2가지
- 주사위 B에서 홀수가 나오는 경우의 수 : 3가지

따라서 구하는 경우의 수는 $2 \times 3 = 6$가지이다.

18

정답 ①

A, B형 설문조사 전체 평균 만족도는 $\dfrac{2,000 \times 8 + 500 \times 6}{2,000 + 500} =$

$\dfrac{19,000}{2,500} = 7.6$점이다.

19

정답 ②

무의 개수를 x개, 감자의 개수는 $(15 - x)$개라고 하자.

지불한 총금액에 대한 방정식을 세우면 다음과 같다.

$700x + 1,200 \times (15 - x) = 14,500$

$\rightarrow \ 500x = 3,500$

$\therefore \ x = 7$

따라서 구입한 무의 개수는 7개이다.

20

정답 ①

퍼낸 소금물의 양을 xg이라고 하자.

$\dfrac{6}{100} \times 700 - \dfrac{6}{100}x + \dfrac{13}{100}x = \dfrac{9}{100} \times 700$

$\rightarrow \ 4,200 - 6x + 13x = 6,300$

$\rightarrow \ 7x = 2,100$

$\therefore \ x = 300$

따라서 퍼낸 소금물의 양은 300g이다.

21

정답 ②

- 인상 가격 : $5,000 \times 1.25 = 6,250$원
- 인하 가격 : $6,250 \times (1 - 0.1) = 5,625$원
- 제품 1개당 판매이익 : $5,625 - 5,000 = 625$원

$625 \times 4 = 2,500$원

따라서 물건 4개를 판매하였을 때의 판매이익은 2,500원이다.

22
정답 ③

두 사람이 각각 미용실에 방문하는 간격인 10과 16의 최소공배수 80을 일주일 단위로 계산하면 11주 3일($80 \div 7 = 11 \cdots 3$)이 되므로 두 사람은 일요일의 3일 후인 수요일에 다시 만나는 것을 알 수 있다.

23
정답 ④

상품의 정가를 x원이라고 하자.
$0.8x \times 6 = 8(x-400)$
$\rightarrow 4.8x = 8x - 3,200$
$\rightarrow 3.2x = 3,200$
$\therefore x = 1,000$
따라서 정가는 1,000원이다.

24
정답 ③

어른의 수를 x명이라고 하면 청소년의 수는 $(30-x)$명이다.
$11,000 \times x + 0.6 \times 11,000 \times (30-x) = 264,000$
$\rightarrow 44x = 660$
$\therefore x = 15$
따라서 영화를 본 어른의 인원수는 15명이다.

25
정답 ②

가로의 길이를 $x$cm만큼 줄여서 직사각형의 넓이를 반으로 줄이려고 한다.
직사각형 넓이의 절반은 $20 \times 15 \div 2 = 150$cm^{2}이므로 다음 식이 성립한다.
$(20-x) \times 15 \leq 150 \rightarrow 15x \geq 150$
$\therefore x \geq 10$
따라서 줄여야 할 가로의 길이는 최소 10cm 이상이다.

26
정답 ③

A와 C의 평균값이 20이고 B, D, E의 평균값이 40이므로 A ~ E 팀 전체의 평균값을 구하면 다음과 같다.
$$\frac{(20 \times 2) + (40 \times 3)}{5} = 32$$
따라서 팀의 전체 평균값은 32이다.

27
정답 ④

고령자 경제활동 참가율을 보면, 2024년 7월부터 12월까지 매월 전월 대비 1.2%p씩 증가하는 것을 알 수 있다.
따라서 2024년 11월의 고령자 경제활동 참가율은 $67.7 + 1.2 = 68.9$%이다.

28
정답 ③

• 2017・2018년의 지원자 수 평균
: $\dfrac{826.9 + 806.9}{2} = 816.9$만 명
• 2023・2024년의 지원자 수 평균
: $\dfrac{796.3 + 813.0}{2} = 804.65$만 명
따라서 두 평균의 차이는 $816.9 - 804.65 = 12.25$만 명이다.

29
정답 ④

남성의 경제활동 참가율은 가장 높았던 때가 74.0%이고 가장 낮았던 때는 72.2%이므로 2%p 미만 차이가 나지만, 여성의 경제활동 참가율은 가장 높았던 때가 50.8%이고 가장 낮았던 때는 48.1%이므로 2%p 이상 차이가 난다.

30
정답 ②

연도별 황사의 발생횟수는 2022년에 최고치를 기록했다.

31
정답 ②

• 김사원 : 전체 경쟁력 점수는 E국이 D국보다 1점 높다. 이때 E국과 D국의 총합을 각각 계산하는 것보다 D국을 기준으로 E국의 편차를 부문별로 계산하여 판단하는 것이 효율적이다. 부문별 편차는 변속감 -1, 내구성 -2, 소음 -4, 경량화 $+10$, 연비 -2이므로 총합은 E국이 $+1$이다.
• 최대리 : C국을 제외하고 국가 간 차이가 가장 큰 부문은 경량화 21점, 가장 작은 부문은 연비 9점이다.
• 오사원 : 내구성이 가장 높은 국가는 B국, 경량화가 가장 낮은 국가는 D국이다.

32
정답 ③

• 2023년 한국의 응용연구비
: $29,703 \times 0.2 = 5,940.6$백만 달러
• 2023년 미국의 개발연구비
: $401,576 \times 0.6 = 240,945.6$백만 달러
따라서 2023년 미국의 개발연구비는 한국의 응용연구비의 $240,945.6 \div 5,940.6 ≒ 40.6$배이다.

33

ㄱ. 프랑스가 기초연구비 비율이 가장 높고, 응용연구비 비율도 가장 높다.

오답분석

ㄴ. 개발연구비 비율이 가장 높은 나라는 중국, 가장 낮은 나라는 프랑스이고, 비율 차이는 $82-35 \fallingdotseq 47\%p$이다. 기초연구비 비율이 가장 높은 나라는 프랑스, 가장 낮은 나라는 중국이고, 비율 차이는 $25-5 \fallingdotseq 20\%p$이다.

ㄷ. 기초연구비 비율이 두 번째로 높은 나라는 한국으로, 개발연구비 비율은 세 번째로 높다.

34

과학 분야를 선호하는 남학생 비율은 10%, 여학생은 4%이다. 따라서 과학 분야를 선호하는 총학생 수는 $(470 \times 0.1) + (450 \times 0.04) = 47 + 18 = 65$명이다.

35

기타를 제외한 도서 선호 분야 중 비율이 가장 낮은 분야는 남학생은 예술 분야(1%), 여학생은 철학 분야(2%)이다.
따라서 두 분야의 총학생 수의 10배는 $\{(500 \times 0.01) + (450 \times 0.02)\} \times 10 = (5+9) \times 10 = 140$명이다.

36

- 2023년 상반기 보훈 분야의 전체 청구건수
 : $35 + 1,865 = 1,900$건
- 2024년 상반기 보훈 분야의 전체 청구건수
 : $17 + 1,370 = 1,387$건

전년 동기 대비 2024년 상반기 보훈 분야의 전체 청구건수의 감소율은 $\dfrac{1,900-1,387}{1,900} \times 100 = 27\%$이다.

37

- 2024년 상반기 입원 진료비 중 세 번째로 비싼 분야 : 자동차 보험 분야
- 2024년 상반기 자동차 보험 분야 입원 진료비 : 5,159억 원
- 2023년 상반기 자동차 보험 분야 입원 진료비 : 4,984억 원

따라서 전년 동기에 비해 2024년 상반기 자동차 보험 분야의 입원 진료비는 $5,159 - 4,984 = 175$억 원 증가했다.

38

남자 참여자 비율을 A라고 하고, 여자 참여자 비율을 B라고 하자. 각 성별 흡연율에 참여자 비율을 곱한 값의 합은 전체 흡연율과 같으므로 방정식을 세우면 다음과 같다.

$0.68A + 0.54B = 0.6(A+B)$

$\rightarrow 0.08A = 0.06B$

$\rightarrow 8A = 6B$

$\therefore A = \dfrac{3}{4}B$

남자 참여자 비율 A는 여자 참여자 비율 B의 0.75이다.
따라서 설문조사에 참여한 남자 인원은 여자 인원의 0.75배이다.

39

38번에서 구한 남녀 참여자 비율에 각각 흡연율을 곱하면 남녀 흡연자 수 비율을 구할 수 있다.

남자의 경우 $\left(\dfrac{3}{4}B \times 0.68\right)$이고, 여자의 경우는 $(0.54 \times B)$이다.

따라서 설문조사 참여자 중 남자 흡연자 수는 여자 흡연자 수의 $\left(\dfrac{3}{4}B \times 0.68\right) \div (0.54 \times B) = \dfrac{0.75 \times 0.68}{0.54} = \dfrac{51}{54}$배임을 알 수 있다.

40

존속성 기술을 개발하는 업체의 총수는 24개, 와해성 기술을 개발하는 업체의 총수는 23개로 적절하다.

오답분석

① 시장견인과 기술추동을 합하여 비율을 계산하면 벤처기업이 $\dfrac{12}{20} \times 100 = 60\%$, 대기업이 $\dfrac{11}{27} \times 100 \fallingdotseq 41\%$이므로 적절하지 않다.

② 10 : 10의 동일한 비율이므로 적절하지 않다.

④ 존속성 기술은 12개, 와해성 기술은 8개로 적절하지 않다.

제2영역 추리능력검사

01	02	03	04	05	06	07	08	09	10
①	③	①	③	③	①	①	①	③	①
11	12	13	14	15	16	17	18	19	20
②	②	②	④	①	④	④	①	③	④
21	22	23	24	25	26	27	28	29	30
③	③	②	①	②	④	③	①	①	③
31	32	33	34	35	36	37	38	39	40
②	③	②	①	④	①	④	③	②	①

01
정답 ①

수요일에 쉬는 여직원 1명과 연속된 4일(목, 금, 토, 일) 중에 쉬는 여직원 1명이 있으므로 편의점에서 일하는 여직원은 최소 2명 이상이다.

02
정답 ③

제시문만으로 남직원이 몇 명인지 정확히 알 수 없으므로 토요일과 일요일에 쉬는 직원이 남직원인지 여직원인지는 알 수 없다.

03
정답 ①

D가 4등일 경우에는 C − E − A − D − F − B 순으로 들어오게 된다.

04
정답 ③

03번 문제와 같이 D가 4등이라는 조건이 있다면 C가 1등이 되지만, 주어진 제시문으로는 C가 1등 또는 4등이기 때문에 알 수 없다.

05
정답 ③

D사원은 영업팀 C사원과 같은 층에서 근무할 뿐, 주어진 제시문만으로는 어느 팀에 속하는지 알 수 없다.

06
정답 ①

주어진 제시문에 따르면 A사원과 C·D사원이 근무하는 위치는 서로 비교할 수 없으므로 근무 층수가 높은 순으로 나열하면 'B사원 − A사원 − E사원', 'B사원 − C·D사원 − E사원'의 두 가지 경우가 있다.
따라서 인사팀 B사원은 모든 경우에 가장 높은 층에서 근무하는 것을 알 수 있다.

07
정답 ①

'소꿉놀이를 좋아하는 아이'를 p, '수영을 좋아하는 아이'를 q, '공놀이를 좋아하는 아이'를 r, '장난감 로봇을 좋아하는 아이'를 s라고 하면 $p \rightarrow {\sim}q$, ${\sim}r \rightarrow s$, $r \rightarrow {\sim}p$가 성립한다. 따라서 $p \rightarrow {\sim}r \rightarrow s$가 성립하고 이의 대우 명제인 ${\sim}s \rightarrow {\sim}p$도 참이다.

08
정답 ①

'다리가 아픈 사람'을 p, '계단을 빨리 오르지 못하는 사람'을 q, '평소에 운동을 하지 않는 사람'을 r이라고 하면 $p \rightarrow q$, $q \rightarrow r$이 성립한다. 이들의 대우 명제는 각각 ${\sim}q \rightarrow {\sim}p$, ${\sim}r \rightarrow {\sim}q$이다. 그러므로 ${\sim}r \rightarrow {\sim}q \rightarrow {\sim}p$이므로 ${\sim}r \rightarrow {\sim}p$이다. 따라서 '평소에 운동을 하는 사람은 다리가 아프지 않다.'는 참이다.

09
정답 ③

게으른 사람은 항상 일을 미루고 목표를 달성하지 못한다. 그러나 목표를 달성하지 못한 사람 중 게으른 사람은 전부 또는 일부일 수도 있으므로 알 수 없다.

10
정답 ①

미세먼지 가운데 $2.5\mu m$ 이하의 입자는 초미세먼지이고, 초미세먼지는 호흡기에서 걸러낼 수 없기 때문에 $2.4\mu m$ 입자의 초미세먼지는 호흡기에서 걸러낼 수 없다.

11
정답 ②

앞의 항에 $\div(-5)$를 적용하는 수열이다.
따라서 (　　)$= \frac{1}{5} \div (-5) = \frac{1}{5} \times (-\frac{1}{5}) = -\frac{1}{25}$이다.

12
정답 ②

n번째 항일 때 $n \times (n+1) \times (n+2)$인 수열이다.
따라서 (　　)$= 5 \times 6 \times 7 = 210$이다.

13

정답 ②

앞의 항에 $+3^1$, $+3^2$, $+3^3$, $+3^4$, …인 수열이다.
따라서 ( )$=122+3^5=122+243=365$이다.

14

정답 ④

앞의 항에 $+1$, $+2$, $+3$을 번갈아 적용하는 수열이다.
따라서 ( )$=14+2=16$이다.

15

정답 ①

$\times\frac{2}{3}$, -1이 반복되는 수열이다.

따라서 ( )$=-\frac{14}{15}-1=-\frac{29}{15}$이다.

16

정답 ④

홀수 항은 $\times3$을, 짝수 항은 $+\frac{1}{2}$을 적용하는 수열이다.

따라서 ( )$=9\times3=27$이다.

17

정답 ④

홀수 항은 $+\frac{1}{4}$, 짝수 항은 $-\frac{1}{6}$인 수열이다.

따라서 ( )$=\frac{5}{4}+\frac{1}{4}=\frac{6}{4}=\frac{3}{2}$이다.

18

정답 ①

앞의 항에 $+1$, $+1.1$, $+2$, $+2.2$, $+3$, $+3.3$, …을 적용하는 수열이다.
따라서 ( )$=23.6+4.4=28$이다.

19

정답 ③

나열된 수를 각각 A, B, C라고 하면
$\underline{A\ B\ C} \rightarrow A-B-1=C$
따라서 ( )$=-2+7-1=4$이다.

20

정답 ④

나열된 수를 각각 A, B, C라고 하면
$\underline{A\ B\ C} \rightarrow (A\times B)+1=C$
따라서 ( )$=5\times6+1=31$이다.

21

정답 ③

나열된 수를 각각 A, B, C라고 하면
$\underline{A\ B\ C} \rightarrow C=(A-B)\times2$
따라서 ( )$=19-5=14$이다.

22

정답 ③

홀수 항은 $+3$, 짝수 항은 $+2$를 적용하는 수열이다.

ㄱ	ㅏ	ㄹ	ㅓ	ㅅ	ㅗ	(ㅊ)
1	1	4	3	7	5	10

23

정답 ②

앞의 항에 -1을 적용하는 수열이다.

K	J	I	H	G	(F)
11	10	9	8	7	6

24

정답 ①

홀수 항은 $+2$, 짝수 항은 $\times2$를 적용하는 수열이다.

E	B	G	D	I	(H)
5	2	7	4	9	8

25

정답 ②

앞의 항에 -1을 적용하는 수열이다.

ㅋ	ㅊ	ㅡ	ㅠ	ㅅ	(ㅂ)
11	10	9	8	7	6

26

정답 ④

앞의 항에 $+1$, $+2$, $+4$, $+8$, $+16$, …을 적용하는 수열이다.

ㄷ	ㄹ	ㅂ	ㅊ	ㄹ	(ㅂ)
3	4	6	10	18 (14+4)	34 (28+6)

27

정답 ③

홀수 항은 $+2$, 짝수 항은 $\times2$를 적용하는 수열이다.

ㅁ	ㄴ	ㅅ	ㄹ	ㅈ	(ㅇ)
5	2	7	4	9	8

28

앞의 항에 +3을 적용하는 수열이다.

A	ㄹ	G	ㅊ	M	(ㄴ)
1	4	7	10	13	16 (14+2)

29

정답 ①

앞의 항에 −3을 적용하는 수열이다.

T	Q	ㅎ	K	八	(五)
20	17	14	11	8	5

30

정답 ③

앞의 항에 −2를 적용하는 수열이다.

ㅌ	J	ㅇ	F	四	(二)
12	10	8	6	4	2

31

정답 ②

앞의 항에 −2를 적용하는 수열이다.

ㅍ	ㅏ	I	ㅅ	ㅗ	(ㄷ)
13	11 (10+1)	9	7	5	3

32

정답 ③

앞의 항에 −3, +1을 번갈아 적용하는 수열이다.

K	ㅇ	ㅈ	ㅛ	G	(ㄹ)
11	8	9	6	7	4

33

정답 ②

신청번호 부여 순으로 정리하면 다음과 같다.
- 임대주택 구분 : 대학생 전형(11)
- 임대주택 신청연도 : 2024년(24)
- 입주예정일 : 10월 10일(1010)
- 임대기간 : 3년(RT3)
- 공급면적 : 30m^2(E)
- 신청자 전체 월평균소득 대비 비율 : 100% 이하(VE)
따라서 대학생 A의 신청번호는 '11241010RT3EVE'이다.

34

정답 ①

신청번호 부여 순으로 정리하면 다음과 같다.
- 임대주택 구분 : 만 65세 이상 고령자 전형(30)
- 임대주택 신청연도 : 2024년(24)
- 입주예정일 : 5월 17일(0517)
- 임대기간 : 5년(RT5)
- 공급면적 : 23m^2(B)
- 신청자 월평균소득 대비 비율 : 65%(GH)
따라서 신청자의 신청번호는 '30240517RT5BGH'이다.

35

정답 ④

임대주택 신청자 신청번호 부여 순으로 조건에 해당하지 않는 신청자를 지우면 다음과 같다.
1. 대학생전형(11)과 사회초년생전형(12)에 해당하는 신청자를 지운다.
2. 신청연도가 2020년 이전인 신청자는 지운다.
3. 입주신청일에 대한 언급은 없으므로 제외한다.
4. 6개월간 임대료 면제 혜택 대상이려면 임대기간이 2년 이상이어야 한다. 따라서 임대기간이 2년 미만인 RT0인 신청자는 지운다.
5. 월평균소득 대비 비율이 120% 이하에 해당하지 않는 신청자(CR, FL)는 지운다.
따라서 임대료 면제혜택을 받을 수 있는 신청자의 수는 5명이다.

36

정답 ①

환자 코드 부여 방식에 따라 정리하면 다음과 같다.
- 진료과목 : 부인과로 방문하였으나 최종 결과는 산과이므로 코드는 01이다.
- 진료실 : 2진료실로 코드는 12이다.
- 진료시간 : 평일 오후로 코드는 22이다.
- 진료내용 : 진료를 왔으므로 코드는 33이다.
- 세부내용 : 쌍둥이로 다태아임신에 해당하며 제왕절개로 결정되었다고 했으므로 코드는 44이다.
따라서 환자코드는 0112223344이다.

37

정답 ④

세부내용은 마지막 두 자리를 보고 판단하므로 다음과 같다.
- −41 : 단태아 자연분만 3건
- −42 : 단태아 제왕절개 2건
- −43 : 다태아 자연분만 1건
- −44 : 다태아 제왕절개 1건
- −45 : 해당 없음 5건
따라서 가장 많이 접수된 진료 세부내용은 '해당 없음' 경우이다.

38

다음과 같이 시작되는 진료가 취소되었다.
• 산과 · 부인과 1진료실 평일 오전 011121-, 021121-
• 산과 · 부인과 2진료실 평일 오전 011221-, 021221-
• 산과 · 부인과 3진료실 평일 오후 011322-, 021322-
따라서 총 5건(0111213341, 0112213342, 0111213343, 0113 223141, 0212213245)의 진료가 취소되었다.

39
정답 ②

오답분석
① 제시된 코드는 총 9자리로 유효하지 않은 환자 코드이다.
③ · ④ 진료실 코드는 11, 12, 13 중에 하나로, 21과 02는 없는 진료실 코드이다.

40
정답 ①

고객관리코드 부여 순으로 내용을 정리하면 다음과 같다.
간병보험상품(NC) – 해지환급금 미지급(N) – 남성(01) – 납입기간 · 납입주기 일시납(0000) – 보장기간 100세(10)
따라서 남성의 고객관리 코드는 'NCN01000010'이다.

제3영역 지각능력검사

01	02	03	04	05	06	07	08	09	10
①	④	④	③	②	①	③	④	③	④
11	12	13	14	15	16	17	18	19	20
①	①	②	①	③	④	②	②	③	②
21	22	23	24	25	26	27	28	29	30
④	④	④	④	③	④	②	②	①	②
31	32	33	34	35	36	37	38	39	40
②	②	①	③	④	②	②	①	③	④

01
정답 ①

• 1층 : 3+3+3+3=12개
• 2층 : 4+4+4+0=12개
• 3층 : 1+4+2+2=9개
• 4층 : 0+1+1+0=2개
• 5층 : 1+2+1+0=4개
• 6층 : 0+1+0+0=1개
∴ 12+12+9+2+4+1=40개

02
정답 ④

• 1층 : 5+5+3+2+1=16개
• 2층 : 5+5+0+0+0=10개
• 3층 : 3+4+2+2+1=12개
• 4층 : 0+2+1+1+0=4개
• 5층 : 1+2+1+1+0=5개
• 6층 : 0+0+3+1+0=4개
∴ 16+10+12+4+5+4=51개

03
정답 ④

• 1층 : 4+4+5+5+3=21개
• 2층 : 3+4+5+4+2=18개
• 3층 : 2+3+5+2+1=13개
• 4층 : 2+0+2+1+1=6개
• 5층 : 1+0+0+1+0=2개
∴ 21+18+13+6+2=60개

20 삼성 온라인 GSAT 4급

04

정답 ③

- 1층 : 5+5+4+4+3=21개
- 2층 : 4+5+3+3+1=16개
- 3층 : 2+3+3+1+0=9개
- 4층 : 2+0+2+0+0=4개
- 5층 : 1+0+1+0+0=2개
- ∴ 21+16+9+4+2=52개

05

정답 ②

- 1층 : 5+4+5+5+3=22개
- 2층 : 4+4+5+4+1=18개
- 3층 : 3+2+3+1+1=10개
- 4층 : 3+0+2+1+0=6개
- 5층 : 2+0+0+0+0=2개
- ∴ 22+18+10+6+2=58개

06

정답 ①

- 1층 : 5+4+5+4+3=21개
- 2층 : 4+3+5+4+2=18개
- 3층 : 3+3+3+3+2=14개
- 4층 : 3+1+3+2+1=10개
- 5층 : 2+0+1+0+1=4개
- ∴ 21+18+14+10+4=67개

07

정답 ③

- 1층 : 2+5+4+5+4=20개
- 2층 : 2+4+4+4+2=16개
- 3층 : 2+3+4+2+2=13개
- 4층 : 1+2+2+1+1=7개
- 5층 : 1+0+1+0+0=2개
- ∴ 20+16+13+7+2=58개

08

정답 ④

- 1층 : 4+5+3+4+4=20개
- 2층 : 4+4+3+1+2=14개
- 3층 : 2+3+2+0+1=8개
- 4층 : 1+2+1+0+1=5개
- 5층 : 0+1+0+0+0=1개
- ∴ 20+14+8+5+1=48개

09

정답 ③

- 1층 : 4+5+4+5+4=22개
- 2층 : 2+4+4+5+2=17개
- 3층 : 2+3+3+3+1=12개
- 4층 : 2+2+3+1+0=8개
- 5층 : 1+0+1+1+0=3개
- ∴ 22+17+12+8+3=62개

10

정답 ④

- 1층 : 5+3+4+5+2=19개
- 2층 : 4+2+4+5+1=16개
- 3층 : 4+2+3+2+0=11개
- 4층 : 1+1+2+2+0=6개
- 5층 : 1+1+2+0+0=4개
- ∴ 19+16+11+6+4=56개

11

정답 ①

- 1층 : 5+5+4+4+3=21개
- 2층 : 4+4+2+3+2=15개
- 3층 : 4+3+1+1+1=10개
- 4층 : 3+2+0+0+1=6개
- 5층 : 2+0+0+0+1=3개
- ∴ 21+15+10+6+3=55개

12

정답 ①

- 1층 : 5+5+3+5+2=20개
- 2층 : 5+4+3+4+1=17개
- 3층 : 4+4+3+2+1=14개
- 4층 : 3+2+1+2+0=8개
- 5층 : 2+1+1+1+0=5개
- ∴ 20+17+14+8+5=64개

13

정답 ②

- 1층 : 5+3+5+4+4=21개
- 2층 : 4+2+4+3+2=15개
- 3층 : 3+1+3+1+1=9개
- 4층 : 3+1+1+1+0=6개
- 5층 : 1+1+0+0+0=2개
- ∴ 21+15+9+6+2=53개

14

정답 ①

- 1층 : 4×4−4=12개
- 2층 : 16−10=6개
- 3층 : 16−10=6개
- 4층 : 16−12=4개
- 5층 : 16−12=4개

∴ 12+6+6+4+4=32개

15

정답 ③

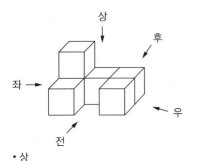

- 상

: 5개

- 전

: 4개

- 후

: 4개

- 좌

: 4개(∵ 블록 2개)

- 우

: 4개(∵ 블록 2개)

∴ 5+4+4+4+4=21개

16

정답 ④

제시된 문자를 오름차순으로 나열하면 'ㄴ-ㄹ-F-J-ㅌ-T'이므로 3번째에 오는 문자는 'F'이다.

17

정답 ②

제시된 문자를 오름차순으로 나열하면 'G-K-Q-R-S-T'이므로 4번째에 오는 문자는 'R'이다.

18

정답 ②

제시된 문자를 오름차순으로 나열하면 'ㅏ-ㅁ-ㅂ-ㅅ-ㅇ-ㅈ'이므로 4번째 오는 문자는 'ㅅ'이다.

19

정답 ③

제시된 문자를 오름차순으로 나열하면 'ㄱ-ㄹ-ㅁ-ㅈ-ㅌ-ㅍ'이므로 2번째 오는 문자는 'ㄹ'이다.

20

정답 ②

제시된 문자를 오름차순으로 나열하면 'I-L-N-S-U-Y'이므로 4번째에 오는 문자는 'S'이다.

21

정답 ④

제시된 문자를 오름차순으로 나열하면 'ㄴ-ㅅ-ㅠ-ㅡ-ㅣ-ㅋ'이므로 5번째에 오는 문자는 'ㅣ'이다.

22

정답 ④

제시된 문자와 수를 내림차순으로 나열하면 '15-하-7-5-라-다'이므로 3번째에 오는 문자나 수는 '7'이다.

23

정답 ④

제시된 문자와 수를 내림차순으로 나열하면 'W-Q-ㅋ-ㅁ-ㄷ-2'이므로 2번째에 오는 문자나 수는 'Q'이다.

24

정답 ④

제시된 수를 내림차순으로 나열하면 '70-60-55-43-12-5'이므로 5번째에 오는 수는 '12'이다.

25

정답 ③

제시된 문자를 내림차순으로 나열하면 '차-사-바-마-나-가'이므로 5번째에 오는 문자는 '나'이다.

26
정답 ④

제시된 문자를 내림차순으로 나열하면 'ㅚ－ㅡ－ㅜ－ㅗ－ㅓ－ㅑ'이므로 5번째에 오는 문자는 'ㅓ'이다.

27
정답 ②

제시된 문자를 내림차순으로 나열하면 'ㅎ－ㅉ－ㅇ－ㅆ－ㅅ－ㅃ'이므로 6번째에 오는 문자는 'ㅃ'이다.

28
정답 ②

'계모'인 왕비가 '거울'에게 세상에서 누가 가장 예쁘냐고 질문하자 거울은 백설공주라고 답하며, 그에 분노한 왕비가 백설공주에게 독이 든 '사과'를 먹인다는 내용의 동화가 있다. 이를 통해 '백설공주'를 연상할 수 있다.

29
정답 ①

'소프라노'는 성악에서 가장 높은 음역을, '하이힐'은 굽이 높은 구두를, '고혈압'은 혈압이 정상보다 높은 수치의 증상을 의미하므로 '높다'를 연상할 수 있다.

30
정답 ②

'용호상박'은 용과 호랑이가 서로 치고받는다는 의미이고, '12지'에는 용이 속하며, '여의주'는 용이 가지고 있는 구슬이므로 '용'을 연상할 수 있다.

31
정답 ②

남극 '빙하', 남극 '대륙', 남쪽을 가리키는 자석의 'S극'을 통해 '남극'을 연상할 수 있다.

32
정답 ②

경찰이 사용하는 '수갑'과 경찰차에 부착된 '사이렌', 경찰 마크의 '참수리'를 통해 '경찰'을 연상할 수 있다.

33
정답 ①

首丘初心(수구초심)은 '여우는 죽을 때 구릉을 향해 머리를 두고 초심으로 돌아간다.'는 뜻으로, 근본을 잊지 않음. 또는 죽어서라도 고향 땅에 묻히고 싶어 하는 마음을 이르는 말이다.

34
정답 ③

靑出於藍(청출어람)은 '푸른색은 쪽에서 나왔지만 쪽빛보다 더 푸르다.'라는 뜻으로, 제자가 스승보다 나음을 이르는 말이다.

35
정답 ④

井底之蛙(정저지와)는 '우물 안의 개구리'라는 뜻으로, 소견이나 견문이 몹시 좁은 것을 이르는 말이다.

36
정답 ②

亡羊補牢(망양보뢰)는 '양을 잃고서 그 우리를 고친다.'는 뜻으로, 실패한 후에 일을 대비함. 또는 이미 어떤 일을 실패한 뒤에 뉘우쳐도 소용이 없음을 이르는 말이다.

37
정답 ②

見蚊拔劍(견문발검)은 '모기를 보고 칼을 뺀다.'는 뜻으로, 보잘것없는 작은 일에 지나치게 큰 대책을 세움을 이르는 말이다.

38
정답 ①

十伐之木(십벌지목)은 '열 번 찍어 베는 나무'라는 뜻으로, 열 번 찍어 안 넘어가는 나무가 없음을 이르는 말이다.

39
정답 ③

鳥足之血(조족지혈)은 '새발의 피'라는 뜻으로, 극히 적은 분량을 이르는 말이다.

40
정답 ④

亡牛補牢(망우보뢰)는 '소 잃고 외양간 고친다.'는 뜻으로, 실패한 후에 일을 대비함을 이르는 말이다.

3일 차 기출응용 모의고사 정답 및 해설

제1영역 수리능력검사

01	02	03	04	05	06	07	08	09	10
①	②	③	②	①	③	②	②	②	①
11	12	13	14	15	16	17	18	19	20
①	①	③	④	③	②	③	③	③	②
21	22	23	24	25	26	27	28	29	30
③	②	①	②	②	①	④	②	③	④
31	32	33	34	35	36	37	38	39	40
②	①	④	②	②	④	④	④	④	③

01 정답 ①

$63 \div 9 + 91 \div 7$
$= 7 + 13$
$= 20$

02 정답 ②

$100 - 28 \times 0.5$
$= 100 - 14$
$= 86$

03 정답 ③

$50 \times \dfrac{1}{5} \div \dfrac{1}{3}$
$= 10 \div \dfrac{1}{3}$
$= 30$

04 정답 ②

$99 + 21 \div 3 \times 0.5$
$= 99 + 7 \times 0.5$
$= 99 + 3.5$
$= 102.5$

05 정답 ①

$52 \div 2 \div 13 \times 2.5$
$= 26 \div 13 \times 2.5$
$= 2 \times 2.5$
$= 5$

06 정답 ③

$\dfrac{87}{3} + \dfrac{2,268}{81}$
$= 29 + 28$
$= 57$

07 정답 ②

$\dfrac{1}{3} + \dfrac{1}{9} + \dfrac{1}{27}$
$= \dfrac{9 + 3 + 1}{27}$
$= \dfrac{13}{27}$

08 정답 ②

$0.7 + 0.5 \times 2 - 0.3$
$= 0.7 + 1 - 0.3$
$= 1.7 - 0.3$
$= 1.4$

09

정답 ②

$(47^2-33^2) \div 14$
$=(47+33)(47-33) \div 14$
$=47+33$
$=80$

10

정답 ①

$(11^2-10^2) \div 21$
$=(11+10)(11-10) \div 21$
$=1$

11

정답 ①

• 10명 중 팀장 2명을 뽑는 경우의 수 : $_{10}\text{C}_2 = \dfrac{10 \times 9}{2 \times 1} = 45$가지

• 여자 5명 중 팀장 2명을 뽑는 경우의 수 : $_5\text{C}_2 = \dfrac{5 \times 4}{2 \times 1} = 10$가지

따라서 2명의 팀장을 뽑을 때 모두 여자일 확률은 $\dfrac{10}{45} = \dfrac{2}{9}$ 이다.

12

정답 ①

총인원을 x명이라고 하자.
$7,000x+3,000=8,000x-1,000$
$\rightarrow$ $1,000x=4,000$
$\therefore$ $x=4$
따라서 총 4명이다.

13

정답 ③

오렌지 2개로 125mL를 만들 수 있으므로 오렌지 14개로 만들 수 있는 주스의 양은 $\dfrac{125}{2} \times 14 = 875$mL이다.

14

정답 ④

두 양초의 길이가 20분 후에 같아지므로 다음과 같은 식이 성립한다.
$30-0.5 \times 20 = x-0.3 \times 20$
$\therefore$ $x=26$
따라서 다른 양초의 길이는 26cm이다.

15

정답 ③

50m/min의 속력으로 걸은 거리를 xm라고 하면, 2배로 올린 100m/min의 속력으로 걸은 거리 걸은 거리는 $(2,000-x)$이다.

$\dfrac{x}{50}+\dfrac{2,000-x}{100}=30$
$\rightarrow$ $2x+2,000-x=3,000$
$\therefore$ $x=1,000$
따라서 50m/min의 속력으로 걸은 거리는 1,000m=1km이다.

16

정답 ②

240, 400의 최대공약수가 80이므로, 구역 한 변의 길이는 80m가 된다. 따라서 가로에는 3개, 세로에는 5개 구역이 들어가므로 타일의 총개수는 15개이다.

17

정답 ③

A와 B를 하나로 묶어 줄 세우는 경우의 수를 구하면, $4!=4 \times 3 \times 2 \times 1=24$가지이다. 이때, A − B, B − A로 설 수 있는 2가지 경우가 있다.
따라서 구하는 경우의 수는 $24 \times 2=48$가지이다.

18

정답 ③

가중평균으로 OECD 전체 평균 학업능력점수를 구하면 다음과 같다.
$0.2 \times 77 + 0.8 \times 40$
$=15.4+32$
$=47.4$
따라서 OECD 전체 평균 학업능력점수는 47.4점이다.

19

정답 ③

x년 후의 아버지, 아들의 나이는 각각 $(35+x)$세, $(10+x)$세이다.
$35+x=2(10+x)$
$\therefore$ $x=15$
따라서 아버지 나이가 아들 나이의 2배가 되는 것은 15년 후이다.

20

정답 ②

두 소금물을 섞으면 농도 x%의 소금물이 된다고 하자.
$\dfrac{10}{100} \times 100 + \dfrac{25}{100} \times 200 = \dfrac{x}{100} \times (100+200)$
$\therefore$ $x=20$
따라서 두 소금물을 섞으면 농도 20%의 소금물이 된다.

21

정답 ③

옷의 정가를 x원이라고 하자.
$x(1-0.2)(1-0.3)=280,000$
$\rightarrow$ $0.56x=280,000$
$\therefore$ $x=500,000$
따라서 할인받은 금액은 $500,000-280,000=220,000$원이다.

22
정답 ②

x분 후 A기계의 마스크 필터 생산량은 $(90+8x)$개, B기계의 마스터 필터 생산량은 $(10+4x)$개이다.

$90+8x=3(10+4x)$

$\rightarrow 4x=60$

$\therefore x=15$

따라서 15분 후 A기계의 마스크 필터 생산량이 B기계의 3배가 된다.

23
정답 ①

25와 30의 최소공배수는 150이다.

따라서 $150\div7=21\cdots3$이므로 목요일의 3일 후인 일요일이다.

24
정답 ②

정산을 한 날이 x일 후라고 하자.

$1,000x=2\times800\times(x-3)$

$\rightarrow 1,000x=1,600x-4,800$

$\therefore x=8$

따라서 정산은 8일 후에 하였다.

25
정답 ②

아이스크림을 x개 산다면 과자는 $(17-x)$개를 사야 한다.

$600x+1,000(17-x)\le15,000$

$\rightarrow 400x\ge2,000$

$\therefore x\ge5$

따라서 아이스크림은 최소 5개를 사야 한다.

26
정답 ①

일의 자릿수를 x라고 하면, 처음 수는 $70+x$, 바꾼 수는 $10x+7$이다.

$70+x-27=10x+7$

$\therefore x=4$

따라서 처음 수는 74이다.

27
정답 ④

매월 갑, 을 팀의 총득점과 병, 정 팀의 총득점이 같다.

따라서 (가)에 들어갈 수는 $1,156+2,000-1,658=1,498$이다.

28
정답 ②

가장 많이 득표한 상품은 전복(32표)이고, S사의 직원 수는 $5+6+22+82+12+8=135$명이다.

따라서 추석 선물 총비용은 $70,000\times135=9,450,000$원이다.

29
정답 ③

총전입자 수는 서울이 가장 높지만, 총전입률은 인천이 가장 높다.

오답분석

① 서울의 총전입자 수는 전국의 $\frac{132,012}{650,197}\times100\fallingdotseq20.3\%$이다.

② 대구의 총전입률이 1.14%로 가장 낮다.

④ 부산의 총전입자 수는 광주의 총전입자 수의 $\frac{42,243}{17,962}\fallingdotseq2.35$배이다.

30
정답 ④

오답분석

ㄷ. 독일과 스웨덴을 제외한 나머지 국가들의 연도별 시간당 임금과 단위노동 비용의 증감 추세는 모두 다르다.

31
정답 ②

제시된 그래프는 구성비에 해당하므로 2024년에 전체 수송량이 증가했다면 2024년 구성비가 감소했어도 수송량은 증가했을 수 있다. 구성비로 수송량 자체를 비교해서는 안 된다는 점에 유의해야 한다.

32
정답 ①

A시는 C시보다 인구가 2배 이상이지만 1,000명당 자동차 대수는 절반이므로 자동차 대수는 A시가 더 많다.

D시는 B시보다 인구가 절반 정도이지만 1,000명당 자동차 대수는 2배 이상이므로 자동차 대수는 D시가 더 많다.

33
정답 ④

• A시의 1인당 자동차 대수
  : $204\div1,000=0.204\rightarrow0.204\times3=0.612$대

• B시의 1인당 자동차 대수
  : $130\div1,000=0.13\rightarrow0.13\times3=0.39$대

• C시의 1인당 자동차 대수
  : $408\div1,000=0.408\rightarrow0.408\times3=1.224$대

• D시의 1인당 자동차 대수
  : $350\div1,000=0.35\rightarrow0.35\times3=1.05$대

34

ㄱ. 접촉신청 건수는 2000년 3월부터 6월까지 전월 대비 매월 증가한 것을 알 수 있다.

ㄷ. 2000년 5월 생사확인 건수는 11,795건으로 접촉신청 건수 18,205건의 70%인 약 12,744건 이하이므로 적절한 설명이다.

오답분석

ㄴ. 2000년 5월부터 6월까지 생사확인 건수는 전월과 동일하였으나, 서신교환 건수는 증가하였으므로 적절하지 않은 설명이다.

ㄹ. 2000년 4월과 7월에 상봉 건수는 동일하다. 따라서 서신교환 건수만 비교해 보면, 7월은 4월보다 12,288−12,274=14건이 더 많으므로 상봉 건수 대비 서신교환 건수 비율은 증가하였음을 알 수 있다.

35

㉠ 생사확인 건수는 5월과 6월에 전월 대비 동일하므로 적절하지 않은 설명이다.

㉢ 접촉신청 건수는 매월 증가하고 있으므로 적절하지 않은 설명이다.

오답분석

㉡ 서신교환의 경우, 2월 대비 7월 증가율은 $\frac{12,288−12,267}{12,267}$ ×100≒0.2%이므로 2% 미만이며, 매월 증가추세를 보이고 있으므로 적절한 설명이다.

㉣ 이산가족 총교류 건수는 항목별 매월 동일하거나 증가하므로 적절한 설명이다.

36

선택지에 제시된 연도별 단태아 산모 수를 구하면 다음과 같다.
• 2021년 : 898×0.68≒610명
• 2022년 : 1,020×0.71≒724명
• 2023년 : 1,108×0.64≒709명
• 2024년 : 1,174×0.65≒763명
따라서 단태아 산모 수가 가장 많은 연도는 2024년이다.

37

단태아는 1명, 다태아는 2명·3명이므로 이를 고려하여 계산하면 다음과 같다.
{(1,020×0.71)×1}+{(1,020×0.17)×2}+{(1,020×0.12)×3} ≒724+173×2+122×3≒1,436명
따라서 2022년 출생한 태아의 수는 1,436명이다.

38

ㄴ. 대구의 냄새에 대한 민원건수는 414건으로 강원의 $\frac{414}{36}$ = 11.5배, 제주의 $\frac{414}{23}$ =18배에 해당하는 수치이다.

ㄷ. 세종과 대전의 민원내용별 민원건수의 합계와 부산의 수치를 정리하면 다음과 같다.

(단위 : 건)

구분	낮은 수압	녹물	누수	냄새	유충
대전	133	108	56	88	18
세종	47	62	41	31	9
대전+세종	180	170	97	119	27
부산	248	345	125	274	68

따라서 세종과 대전의 민원내용별 민원건수의 합계는 부산보다 적음을 확인할 수 있다.

오답분석

ㄱ. 경기 지역의 민원은 총 (120+203+84+152+21)=580건으로 이 중 녹물에 대한 민원 비율이 $\frac{203}{580}$ ×100=35%이다.

ㄹ. 수도권인 서울, 경기, 인천에서 가장 많은 민원 건수가 발생한 것은 녹물에 대한 것이다. 하지만 가장 적은 민원 건수는 경기와 인천의 경우 유충, 서울은 누수에 대한 것이다.

39

자료상 유충에 대한 민원건수는 알 수 있지만, 실제로 유충이 발생한 건수는 알 수 없다.

40

영업팀별 연간 매출액을 구하면 다음과 같다.
• 영업 A팀 : 50×0.1+100×0.1+100×0.3+200×0.15 =75억 원
• 영업 B팀 : 50×0.2+100×0.2+100×0.2+200×0.4 =130억 원
• 영업 C팀 : 50×0.3+100×0.2+100×0.25+200×0.15 =90억 원
• 영업 D팀 : 50×0.4+100×0.5+100×0.25+200×0.3 =155억 원
따라서 연간 매출액이 큰 순서로 팀을 나열하면 D−B−C−A이고, 매출 1위인 영업 D팀의 연 매출액은 155억 원이다.

01	02	03	04	05	06	07	08	09	10
①	③	③	③	①	②	①	①	①	②
11	12	13	14	15	16	17	18	19	20
②	③	①	②	④	③	①	③	①	④
21	22	23	24	25	26	27	28	29	30
④	④	③	③	④	②	④	③	④	①
31	32	33	34	35	36	37	38	39	40
②	①	④	③	③	④	③	②	④	④

01
정답 ①

제시문에 따라 시력이 높은 순서대로 나열하면 'A − B − D − E'가 되며, C는 A, B보다 시력이 낮고 D, E와 서로 비교할 수 없다. 어떤 경우라도 A의 시력이 가장 높은 것을 알 수 있다.

02
정답 ③

C와 D, E의 시력은 서로 비교할 수 없기 때문에 누가 시력이 가장 낮은지 알 수 없다.

03
정답 ③

우선 다섯 번째 문장에 따라 B집에서 고양이를 키운다는 것을 알 수 있다. 그리고 세 번째 문장에 따라 '고슴도치 − 앵무새' 순서가 되어야 하므로, 'C − D' 또는 'D − E'에 들어가야 한다. 그런데 E집에서는 강아지를 키우지 않는다고 하였으므로, 가능한 경우는 다음의 3가지이다.

구분	A	B	C	D	E
경우 1	강아지	고양이	고슴도치	앵무새	햄스터
경우 2	강아지	고양이	햄스터	고슴도치	앵무새
경우 3	햄스터	고양이	강아지	고슴도치	앵무새

따라서 A집에서 햄스터 또는 강아지를 키울 수 있으므로 알 수 없다.

04
정답 ③

D집에서는 앵무새 또는 고슴도치를 키울 수 있으므로 알 수 없다.

05
정답 ①

네 번째 문장을 통해, 가장 적은 개수로 620원이 되는 경우는 500+100+10+10=620원이 될 때이므로 경서는 4개의 동전을 가지고 있다.

06
정답 ②

05번 문제를 통해 경서가 4개의 동전을 가지고 있다는 것을 알 수 있으므로 현정이는 5개, 소희는 7개의 동전을 가지고 있음을 알 수 있다. 이때 소희는 모든 종류의 동전을 가지고 있으므로, 최소 금액은 500+100+50+10+10+10+10=690원이다.

07
정답 ①

제시문에 따라 풍속이 빠른 순서대로 나열하면 'B − C − A − D'이다. 이때 풍속이 가장 빠른 B지역의 풍속은 풍속 4m/s인 A지역보다 1m/s 이상 빠르므로 5m/s 이상임을 알 수 있다.

08
정답 ①

제시문에 따라 풍속이 빠른 순서대로 나열하면 'B − C − A − D'이므로 D지역의 풍속이 가장 느린 것을 알 수 있다.

09
정답 ①

제시문을 통해 결승점에 들어온 순으로 정리하면 병 − 을 − 정 − 갑 순서이다.

10
정답 ②

바실리카의 측랑 지붕 위에 창문이 설치된다고 했고, 회중석은 측랑보다 높은 곳에 위치한다고 했으므로 측랑과 창문이 회중석보다 높은 곳에 설치된다는 것은 거짓이다.

11
정답 ②

앞의 항에 +2, +2², +2³, …을 적용하는 수열이다.
따라서 ( )=31+32=63이다.

12
정답 ③

앞의 두 항을 합한 값이 다음 항이 되는 수열이다.
따라서 ( )=16+26=42이다.

13 정답 ①

앞의 항에 ×1, ×2, ×3, …을 적용하는 수열이다.
따라서 (　)=96×5=480이다.

14 정답 ②

앞의 항에 +17을 적용하는 수열이다.
따라서 (　)=18−17=1이다.

15 정답 ④

앞의 항에 $\times \frac{2}{3}$ 를 적용하는 수열이다.

따라서 (　)$=\frac{13}{18}\times\frac{2}{3}=\frac{13}{27}$ 이다.

16 정답 ③

분자는 +4, +3, +2, +1, …이고, 분모는 −6, −7, −8, −9,
…인 수열이다.

따라서 (　)$=\frac{37+3}{183-7}=\frac{40}{176}$ 이다.

17 정답 ①

분자는 +17, 분모는 ×3을 적용하는 수열이다.
따라서 (　)$=\frac{2+17}{3\times3}=\frac{19}{9}$ 이다.

18 정답 ②

홀수 항은 ×2+0.1, ×2+0.2, ×2+0.3, …인 수열이고, 짝수
항은 ×2−0.1인 수열이다.
따라서 (　)=2.9×2−0.1=5.7이다.

19 정답 ①

나열된 수를 각각 A, B, C, D라고 하면
$\underline{A\ B\ C\ D}\to A+B=C+D$
따라서 (　)=13−3=10이다.

20 정답 ④

나열된 수를 각각 A, B, C, D라고 하면
$\underline{A\ B\ C\ D}\to A+B+C=D$
따라서 (　)=5+6+2=13이다.

21 정답 ④

나열된 수를 각각 A, B, C라고 하면
$\underline{A\ B\ C}\to (A\times B)-5=C$
따라서 (　)=(3+5)÷(−4)=−2이다.

22 정답 ④

앞의 항에 +4를 적용하는 수열이다.

ㄹ	H	ㅌ	(P)	ㅂ
4	8	12	16	20(14+6)

23 정답 ③

앞의 항에 +3을 적용하는 수열이다.

i	L	O	r	U	(X)
9	12	15	18	21	24

24 정답 ③

홀수 항은 −1, 짝수 항은 +2를 적용하는 수열이다.

ㅅ	ㅁ	ㅂ	ㅜ	ㅗ	ㅈ	ㄹ	ㅋ	(ㄷ)
7	5	6	7	5	9	4	11	3

25 정답 ④

홀수 항은 +1, 짝수 항은 +2를 적용하는 수열이다.

B	ㅂ	ㄷ	H	四	十	ㅁ	L	(ㅛ)
2	6	3	8	4	10	5	12	6

26 정답 ②

앞의 항에 +2를 적용하는 수열이다.

D	F	八	ㅊ	L	(ㅎ)
4	6	8	10	12	14

27 정답 ④

앞의 항에 +1을 적용하는 수열이다.

五	ㅛ	G	ㅇ	ㅡ	(J)
5	6	7	8	9	10

28 정답 ③

앞의 항에 +2를 적용하는 수열이다.

ㅓ	ㅁ	G	ㅈ	ㅏ	(ㅍ)
3	5	7	9	11	13

29 정답 ④

앞의 항에 +3을 적용하는 수열이다.

ㅏ	D	G	ㅊ	ㅍ	(P)
1	4	7	10	13	16

30 정답 ①

앞의 항에 -3을 적용하는 수열이다.

W	I	ㅌ	N	ㅋ	(ㅇ)
23	20 (10+10)	17	14	11	8

31 정답 ②

앞의 항에 +5, -4, +3, -2, +1, …을 적용하는 수열이다.

ㅈ	N	J	ㅍ	K	(ㅑ)
9	14	10	13	11	12 (10+2)

32 정답 ①

앞의 항에 +1, -2, +3, -4, +5, …를 적용하는 수열이다.

E	ㅂ	ㄹ	G	ㅓ	(H)
5	6	4	7	3	8

33 정답 ④

기업 대표이지만 VIP이므로 고객 코드는 ㄷ, 대출신청을 하였으므로 업무는 Y, 업무내용은 B가 적절하며 접수창구는 VIP실인 00번 창구가 된다.

34 정답 ③

기록 현황을 정리하면 다음과 같다.

ㄱXa10	ㄴYA05	ㄴYB03	ㄱXa01	ㄱYB03
10번창구 없음 잘못된 기록	기업고객 대부계 대출상담 5번창구	기업고객 대부계 대출신청 3번창구	개인고객 수신계 예금 1번창구	개인고객 대부계 대출신청 3번창구
ㄱXab02	ㄷYC00	ㄴYA01	ㄴYA05	ㄴYAB03
개인고객 수신계 예금·적금 2번창구	VIP고객 대부계 대출완료 VIP실	기업고객 대부계 대출상담 1번창구	기업고객 대부계 대출상담 5번창구	기업고객 대부계 대출상담· 신청 3번창구
ㄱYAB00	ㄱYaA04	ㄱXb02	ㄷYB0	ㄱXa04
개인고객- VIP실 불가 잘못된 기록	대부계-예금 불가 잘못된 기록	개인고객 수신계 적금 2번창구	0번창구 없음 잘못된 기록	개인고객 수신계 예금 4번창구

따라서 잘못된 기록은 4개이다.

35 정답 ③

예금 - 3회, 적금 - 2회, 대출상담 - 4회, 대출신청 - 3회, 대출완료 - 1회

따라서 가장 많이 기록된 업무내용은 대출상담이다.

36 정답 ④

기록 체계에 따라 메모를 정리하면 'ㄴYAB04'이다.

- Y : 대부계 업무를 나타내는 기록
- ㄴ : 기업고객을 나타내는 기록
- A, B : 대출상담과 대출신청을 나타내는 기록
- 04 : 4번창구를 나타내는 기록

37 정답 ③

유아가 동행하지만, 유아차 대여 유무는 'V0(미대여)'로 표기되어 있다.

오답분석

① AU : 시작일(8월 1일)과 마감일(9월 30일)만 시간 제약이 있고 이외의 날짜에는 24시간 가능하므로 8월 후기(8월 16 ~ 31일)에 신청한 신청자는 시간 제약 없이 신청 가능했다.
② A2C0B1 : 성인(만 19세 이상) 2명과 유아(만 3세 이하) 1명으로 총 3명이다.
④ 19 : 20일과 21일은 주말로, 평일 중 마지막 날은 19일이므로 적절한 내용이다.

38

신청내용을 신청번호 부여 순으로 정리하면 다음과 같다.
- 9월 1일 15시 30분의 통화내용 : 사전신청일은 9월 전기(SE)
- 관람인원은 보호자인 갑과 6살 아이 : A1C1B0
- 유아차 미대여 : V0
- 관람날짜 및 요일과 시간 : 10월 둘째 주 토요일(10월 13일)의 주말 오전(13HB)

따라서 신청자의 신청번호는 'SEA1C1B0V013HB'이다.

39

'KS90101 – 2'는 아동용 10kg 이하의 자전거로, 109동 101호 입주민이 2번째로 등록한 자전거이다.

[오답분석]

① 등록순서를 제외한 일련번호는 7자리로 구성되어야 하며, 종류와 무게 구분 번호의 자리가 서로 바뀌어야 한다.
② 등록순서를 제외한 일련번호는 7자리로 구성되어야 한다.
③ 자전거 무게를 구분하는 두 번째 자리에는 L, M, S 중 하나만 올 수 있다.

40

마지막의 숫자는 동일 세대주가 자전거를 등록한 순서를 나타내므로 해당 자전거는 2번째로 등록한 자전거임을 알 수 있다. 따라서 자전거를 2대 이상 등록한 입주민의 자전거이다.

[오답분석]

① 'T'를 통해 산악용 자전거임을 알 수 있다.
② 'M'을 통해 자전거의 무게는 10kg 초과 20kg 미만임을 알 수 있다.
③ 104동 1205호에 거주하는 입주민의 자전거이다.

제3영역 지각능력검사

01	02	03	04	05	06	07	08	09	10
②	②	④	③	③	①	①	②	①	③
11	12	13	14	15	16	17	18	19	20
④	④	②	①	②	④	④	①	④	③
21	22	23	24	25	26	27	28	29	30
②	④	②	②	④	②	④	③	③	④
31	32	33	34	35	36	37	38	39	40
②	②	③	①	④	②	③	④	①	②

01

- 1층 : 1+3+4=8개
- 2층 : 1+3+1=5개
- 3층 : 0+2+1=3개
- 4층 : 0+1+2=3개
- 5층 : 1+1+1=3개
- 6층 : 0+1+2=3개
∴ 8+5+3+3+3+3=25개

02

- 1층 : 2+4+3+3+2=14개
- 2층 : 0+2+3+2+3=10개
- 3층 : 1+1+3+1+2=8개
- 4층 : 0+1+2+0+1=4개
∴ 14+10+8+4=36개

03

- 1층 : 1+3+3+1=8개
- 2층 : 0+2+3+0=5개
- 3층 : 1+2+2+1=6개
- 4층 : 1+3+1+1=6개
- 5층 : 0+2+0+1=3개
- 6층 : 0+0+0+2=2개
∴ 8+5+6+6+3+2=30개

04

정답 ③

- 1층 : 3+3+4+1=11개
- 2층 : 1+3+3+3=10개
- 3층 : 0+4+2+1=7개
- 4층 : 1+2+1+1=5개
- 5층 : 0+1+0+2=3개
∴ 11+10+7+5+3=36개

05

정답 ③

- 1층 : 4+4+4+0=12개
- 2층 : 4+2+3+1=10개
- 3층 : 4+2+1+1=8개
- 4층 : 1+3+1+1=6개
- 5층 : 0+2+1+0=3개
- 6층 : 1+1+1+1=4개
∴ 12+10+8+6+3+4=43개

06

정답 ①

- 1층 : 2+3+4+5+5+4=23개
- 2층 : 1+2+4+5+4+3=19개
- 3층 : 0+2+3+5+4+1=15개
- 4층 : 0+1+3+5+1+0=10개
- 5층 : 0+0+1+2+0+0=3개
∴ 23+19+15+10+3=70개

07

정답 ①

- 1층 : 2+3+4+3+4+4=20개
- 2층 : 1+2+3+2+4+4=16개
- 3층 : 0+1+2+2+4+3=12개
- 4층 : 0+0+1+0+3+2=6개
- 5층 : 0+0+0+0+1+1=2개
∴ 20+16+12+6+2=56개

08

정답 ②

- 1층 : 2+4+5+4+5+4+3=27개
- 2층 : 2+3+3+3+4+2+2=19개
- 3층 : 1+2+3+3+2+2+2=15개
- 4층 : 0+1+2+1+1+1+0+1=6개
- 5층 : 0+1+1+0+1+1+0+0=3개
∴ 27+19+15+6+3=70개

09

정답 ①

- 1층 : 5+4+5+4+3=21개
- 2층 : 5+3+5+4+2=19개
- 3층 : 4+2+4+4+2=16개
- 4층 : 3+2+3+2+2=12개
- 5층 : 1+0+1+0+1=3개
∴ 21+19+16+12+3=71개

10

정답 ③

- 1층 : 4+5+5+5+3=22개
- 2층 : 4+5+5+3+3=20개
- 3층 : 3+5+4+2+3=17개
- 4층 : 2+4+3+0+1=10개
- 5층 : 1+1+2+0+1=5개
∴ 22+20+17+10+5=74개

11

정답 ④

- 1층 : 4+5+5+4+2=20개
- 2층 : 4+5+5+4+2=20개
- 3층 : 4+5+4+2+2=17개
- 4층 : 3+5+3+1+1=13개
- 5층 : 0+1+2+1+1=5개
∴ 20+20+17+13+5=75개

12

정답 ④

- 1층 : 5+5+5+5+4=24개
- 2층 : 5+5+5+4+2=21개
- 3층 : 4+5+5+2+0=16개
- 4층 : 2+3+2+0+0=7개
- 5층 : 1+0+2+0+0=3개
∴ 24+21+16+7+3=71개

13

정답 ②

- 1층 : 5+4+3+4+4=20개
- 2층 : 5+4+2+4+3=18개
- 3층 : 5+3+2+3+3=16개
- 4층 : 3+3+1+2+2=11개
- 5층 : 3+0+1+0+2=6개
∴ 20+18+16+11+6=71개

14
정답 ①

- 1층 : 5+4+5+5+3=22개
- 2층 : 5+4+5+4+2=20개
- 3층 : 4+4+5+2+0=15개
- 4층 : 3+2+2+1+0=8개
- 5층 : 1+1+1+0+0=3개
∴ 22+20+15+8+3=68개

15
정답 ②

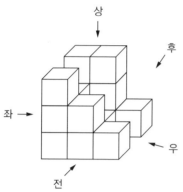

- 상

: 8개

- 전

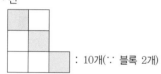

: 10개(∵ 블록 2개)

- 후

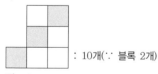

: 10개(∵ 블록 2개)

- 좌

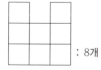

: 8개

- 우

: 8개

∴ 8+10+10+8+8=44개

16
정답 ④

제시된 문자를 오름차순으로 나열하면 'ㄷ－ㅁ－G－K－R－Y'이므로 4번째에 오는 문자는 'K'이다.

17
정답 ④

제시된 문자를 오름차순으로 나열하면 'ㄷ－ㅁ－ㅂ－ㅜ－ㅠ－ㅣ'이므로 3번째에 오는 문자는 'ㅂ'이다.

18
정답 ①

제시된 문자와 수를 오름차순으로 나열하면 'ㅁ－9－J－ㅋ－ㅍ－O'이므로 2번째에 오는 문자나 수는 '9'이다.

19
정답 ④

제시된 문자와 수를 오름차순으로 나열하면 '8－K－12－19－T－22'이므로 4번째에 오는 문자나 수는 '19'이다.

20
정답 ③

제시된 문자와 수를 오름차순으로 나열하면 '2－ㄹ－5－ㅅ－11－ㅌ'이므로 4번째에 오는 문자나 수는 'ㅅ'이다.

21
정답 ②

제시된 문자와 수를 오름차순으로 나열하면 'ㅈ－10－L－Q－18－U'이므로 5번째에 오는 문자나 수는 '18'이다.

22
정답 ④

제시된 문자를 내림차순으로 나열하면 'V－T－S－L－E－B'이므로 3번째에 오는 문자는 'S'이다.

23
정답 ②

제시된 문자나 수를 내림차순으로 나열하면 '23－U－S－18－Q－P'이므로 4번째에 오는 문자나 수는 '18'이다.

24
정답 ②

제시된 문자나 수를 내림차순으로 나열하면 '10－ㅡ－ㅜ－6－3－ㅑ'이므로 3번째에 오는 문자나 수는 'ㅜ'이다.

25

제시된 문자나 수를 내림차순으로 나열하면 '20 - 15 - N - K - 7 - F'이므로 3번째에 오는 문자나 수는 'N'이다.

26

제시된 문자나 수를 내림차순으로 나열하면 '14 - 10 - ㅈ - ㅅ - 6 - ㅁ'이므로 4번째에 오는 문자나 수는 'ㅅ'이다.

27

제시된 문자나 수를 내림차순으로 나열하면 '9 - ㅠ - 7 - ㅛ - 5 - ㅕ'이므로 3번째에 오는 문자나 수는 '7'이다.

28

'커피'의 원재료인 원두, '두부'의 원재료인 콩, 콩을 넣어 '밥'을 지은 콩밥을 통해 '콩'을 연상할 수 있다.

29

'가수'의 음악 앨범, '졸업' 앨범, '결혼' 앨범을 통해 '앨범'을 연상할 수 있다.

30

'흰' 백자, '도자기' 백자, '조선' 백자를 통해 '백자'를 연상할 수 있다.

31

'탈무드'는 '유대교'의 '경전'으로, 많은 '교훈'을 가지고 있는 책이다.

32

'전쟁과 평화', '부활', '안나 카레니나'는 모두 톨스토이의 작품이므로 '톨스토이'를 연상할 수 있다.

33

有備無患(유비무환)은 '준비가 있으면 근심이 없다.'는 뜻으로, 미리 준비가 되어 있으면 우환을 당하지 아니함 또는 뒷걱정이 없음을 이르는 말이다.

34

近墨者黑(근묵자흑)은 '먹을 가까이하면 검어진다.'는 뜻으로, 나쁜 사람을 가까이하면 그 버릇에 물들기 쉬움을 이르는 말이다.

35

結者解之(결자해지)는 '일을 맺은 사람이 풀어야 한다.'는 뜻으로, 일을 저지른 사람이 그 일을 해결해야 함을 이르는 말이다.

36

泣斬馬謖(읍참마속)은 '눈물을 머금고 마속의 목을 벤다.'는 뜻으로, 사랑하는 신하를 법대로 처단하여 질서를 바로잡음을 이르는 말이다.

37

文房四友(문방사우)는 '서재에 꼭 있어야 할 네 벗', 즉 종이, 붓, 벼루, 먹을 이르는 말이다.

38

汗牛充棟(한우충동)은 '수레에 실어 운반하면 소가 땀을 흘리게 되고, 쌓아올리면 들보에 닿을 정도의 양'이라는 뜻으로, 장서가 많음을 이르는 말이다.

39

莫逆之友(막역지우)는 '서로 거스름이 없는 친구'라는 뜻으로, 허물이 없이 아주 친한 친구를 이르는 말이다.

40

肝膽相照(간담상조)는 '간과 쓸개를 내놓고 서로에게 내보인다.'는 뜻으로, 서로 마음을 터놓고 친밀히 사귐을 이르는 말이다.

4일 차 기출응용 모의고사 정답 및 해설

제1영역　수리능력검사

01	02	03	04	05	06	07	08	09	10
②	③	④	④	②	③	④	①	④	④
11	12	13	14	15	16	17	18	19	20
③	③	②	②	④	③	③	①	④	④
21	22	23	24	25	26	27	28	29	30
②	③	①	③	③	②	③	④	④	③
31	32	33	34	35	36	37	38	39	40
②	④	②	②	①	④	②	④	②	③

01　정답 ②

$54 \times 0.1 + 1.6$
$= 5.4 + 1.6$
$= 7$

02　정답 ③

$454 + 744 \div 62 + 77$
$= 531 + 12$
$= 543$

03　정답 ④

$245 + 590 \div 2 - 45$
$= 200 + 295$
$= 495$

04　정답 ④

$5.5 + 11.5 + 22 + 23 - 2 + 5 \times 8$
$= 60 + 40$
$= 100$

05　정답 ②

$97 - 66 \times \dfrac{1}{3} + 10$
$= 107 - 22$
$= 85$

06　정답 ③

$88 \div 4 - 10 \times 0.5$
$= 22 - 5$
$= 17$

07　정답 ④

$7 \times 20 \div 5 - 5$
$= 140 \div 5 - 5$
$= 28 - 5$
$= 23$

08　정답 ①

$990 \div 99 \div 2 \times \dfrac{1}{5}$
$= 10 \div 2 \times \dfrac{1}{5}$
$= 5 \times \dfrac{1}{5}$
$= 1$

09　정답 ④

$(1,001 - 2) \div 3 + 67$
$= 999 \div 3 + 67$
$= 333 + 67$
$= 400$

10

$244 \div 2 \times 0.1 + 0.85$
$= 122 \times 0.1 + 0.85$
$= 12.2 + 0.85$
$= 13.05$

11

정답 ③

• 서로 다른 2개의 주사위를 동시에 던질 때 나오는 모든 경우의 수 : $6 \times 6 = 36$가지
• 나오는 두 눈의 곱이 6인 경우의 수 : $(1, 6), (2, 3), (3, 2),$ $(6, 1) \rightarrow 4$가지

따라서 서로 다른 2개의 주사위를 동시에 던질 때, 나오는 두 눈의 곱이 6일 확률은 $\frac{4}{36} = \frac{1}{9}$ 이다.

12

정답 ③

경주용 차 B의 속도를 $x$km/h라고 하면, 출발한 후 2시간 만에 경주용 차 A와 한 바퀴 차이가 나므로 다음과 같은 식이 성립한다.
$2x - 2 \times 200 = 6$
$\rightarrow 2x = 406$
$\therefore x = 203$
따라서 경주용 차 B의 속력은 203km/h이다.

13

정답 ②

5명 중에서 3명을 순서와 상관없이 뽑을 수 있는 경우의 수는 ${}_5C_3 = \frac{5 \times 4 \times 3}{3 \times 2 \times 1} = 10$가지이다.

14

정답 ②

농도가 17%인 식염수의 양은 $100 + 400 = 500$g이므로 식염수에 들어있는 소금의 양에 대해 다음과 같은 식이 성립한다.
$100 \times \frac{x}{100} + 400 \times \frac{20}{100} = (100 + 400) \times \frac{17}{100}$
$\rightarrow x + 80 = 85$
$\therefore x = 5$
따라서 x의 값은 5이다.

15

정답 ④

제시된 연차 계산법에 따라 A씨의 연차를 구하면 다음과 같다.
• 기간제 : $(6 \times 365) \div 365 \times 15 = 90$일
• 시간제 : $(8 \times 30 \times 6) \div 365 \fallingdotseq 4$일
따라서 A씨의 연차는 $90 + 4 = 94$일이다.

16

정답 ③

B회사에서 C회사까지의 거리를 $x$km라고 하면 다음과 같은 식이 성립한다.
$\frac{1 + 1 + x}{3} = \frac{5}{3}$
$\rightarrow 1 + 1 + x = 5$
$\therefore x = 3$
따라서 B회사에서 C회사까지의 거리는 3km이다.

17

정답 ③

처음 가지고 있던 금액을 x원이라고 하면 다음과 같은 식이 성립한다.
$\frac{x - 1,300}{2} - 300 = 300$
$\rightarrow x - 1,300 = 1,200$
$\therefore x = 2,500$
따라서 처음 가지고 있던 금액은 2,500원이다.

18

정답 ①

친구들을 x명이라고 하면 다음과 같은 식이 성립한다.
$4,500x - 2,000 = 4,000x + 500$
$\rightarrow 500x = 2,500$
$\therefore x = 5$
따라서 친구들은 총 5명이다.

19

정답 ④

50원, 100원, 500원짜리 순으로 개수 순서쌍을 만들어 보면,
$(0, 4, 1), (2, 3, 1), (4, 2, 1), (6, 1, 1), (8, 0, 1), (2, 8, 0),$
$(4, 7, 0), (6, 6, 0), (8, 5, 0)$으로 총 9가지이다.
따라서 구하고자 하는 경우의 수는 9가지이다.

20

정답 ④

물통 전체의 양을 1이라고 하면 A관은 1분에 $\frac{1}{10}$, B관은 1분에 $\frac{1}{15}$ 만큼을 채운다. 그러므로 두 관을 모두 사용하면 1분에 $\frac{1}{10} + \frac{1}{15} = \frac{1}{6}$ 만큼을 채울 수 있다.
따라서 두 관을 모두 사용하여 물통에 물을 가득 채우는 데 걸리는 시간은 6분이다.

21

정답 ②

아들의 나이를 x세라고 하면, 어머니의 나이는 $3x$세이므로 다음과 같은 식이 성립한다.

$x+3x<62$

$\rightarrow 4x<62$

$\therefore x<15.5$

따라서 아들의 최대 나이는 15세이다.

22

정답 ③

5명을 한 팀으로 조직했을 때 만들어지는 팀의 수를 x팀이라고 하면 다음과 같은 식이 성립한다.

$5x+2=6(x-2)$

$\rightarrow 5x+2=6x-12$

$\therefore x=14$

따라서 총 14팀이 만들어진다.

23

정답 ①

3월 15일에서 12월 31일까지 남은 일수는 291일이다.

따라서 $291÷7=41 \cdots 4$이므로 12월 31일은 수요일에서 4일 지난 일요일이다.

24

정답 ③

전체 작업량을 1이라고 하면, 직원 6명이 5시간 만에 마감 청소를 완료하므로 직원 1명의 시간당 작업량은 $\frac{1}{30}$ 이다.

그러므로 3시간 만에 마감 청소를 끝내기 위해 필요한 직원의 수를 x명이라고 하면 다음과 같은 식이 성립한다.

$\frac{x}{30}×3=1$

$\rightarrow \frac{x}{10}=1$

$\therefore x=10$

따라서 총 10명의 직원이 필요하므로 추가로 필요한 단기 직원은 4명이다.

25

정답 ③

증발한 물의 양을 xg이라고 하면 다음과 같은 식이 성립한다.

$\frac{3}{100}×400=\frac{5}{100}×(400-x)$

$\rightarrow 1,200=2,000-5x$

$\therefore x=160$

따라서 증발한 물의 양이 160g이므로, 남아있는 설탕물의 양은 $400-160=240$g이다.

26

정답 ②

$4(x+7)=7x+1$

$\rightarrow 3x=27$

$\therefore x=9$

따라서 어떤 수는 9이다.

27

정답 ③

월평균 매출액이 35억 원이므로 연매출액은 $35×12=420$억 원이며, 연 매출액은 상반기와 하반기 매출액을 합한 금액이다. 상반기의 월평균 매출액은 26억 원이므로 상반기 총매출액은 $26×6=156$억 원이고, 하반기 총매출액은 $420-156=264$억 원이다.

따라서 하반기의 평균 매출액은 $264÷6=44$억 원이며, 상반기 대비 $44-26=18$억 원 증가하였다.

28

정답 ④

매출액 상위를 기록한 2개의 유통 기업은 A기업과 F기업이다.

따라서 A기업과 F기업의 매출액의 합은 전체의

$\frac{432.7+360.2}{432.7+237.6+118.5+305.9+255.6+360.2+192.7+156.6}$ $×100≒38.5\%$이다.

29

정답 ④

생산이 증가한 해에는 수출과 내수 모두 증가했다.

[오답분석]

① 제시된 자료에서 ▽는 감소 수치를 나타내고 있으므로 옳은 판단이다.

② 내수가 가장 큰 폭으로 증가한 해는 2022년으로 생산과 수출 모두 감소했다.

③ 수출이 증가했던 2020년, 2023년, 2024년에 생산과 내수 모두 증가했다.

30

정답 ③

남성 합격자는 1,003명, 여성 합격자는 237명이고, $1,003÷237≒4.2$이므로, 남성 합격자 수는 여성 합격자 수의 5배 미만이다.

[오답분석]

④ (경쟁률)$=\frac{(지원자\ 수)}{(모집\ 정원)}$ 이므로, B집단의 경쟁률은 $\frac{585}{370}=\frac{117}{74}$ 이다.

31 정답 ②

3월에 사고가 가장 많이 발생한 도로 종류는 특별·광역시도이지만, 사망자 수가 가장 많은 도로는 시도이다.

오답분석

① 특별·광역시도의 교통사고 발생 건수는 지속적으로 증가한다.
③ 해당 기간 동안 부상자 수가 감소하는 도로는 없다.
④ 사망자 수가 100명을 초과하는 것은 3월과 4월의 시도가 유일하다.

32 정답 ④

ㄴ. 전체 경징계 건수는 $3+174+171+160+6=514$건이고 전체 중징계 건수는 $23+42+47+55+2=169$건이므로 전체 징계 건수는 $514+169=683$건이다. 이 중 경징계 건수는 $\frac{514}{683}\times100≒75.3\%$로 70% 이상이다.

ㄷ. D로 인한 징계 건수 중 중징계의 비율은 $\frac{55}{160+55}\times100≒25.6\%$이고, 전체 징계 건수 중 중징계의 비율은 $\frac{169}{683}\times100≒24.7\%$이므로 D로 인한 징계 건수 중 중징계의 비율이 더 높다.

오답분석

ㄱ. 전체 경징계 건수는 $3+174+171+160+6=514$건이고, 중징계 건수는 $23+42+47+55+2=169$건으로 3배 이상이다.
ㄹ. 징계 중 C의 사유가 218건으로 가장 많다.

33 정답 ②

통신 비용은 2022년에 전년 대비 감소하였음을 알 수 있다.

오답분석

① 2022년 4인 가족의 주거/수도/광열 비용은 $271.2-(12.8+16.4+134.2+42.5)=65.3$만 원이다.
③ 2021~2023년 동안 전년 대비 주류/담배 비용과 의류/가정용품 증감 추이는 '감소-증가-증가'로 같다.
④ 2021~2024년 동안 전년 대비 음식/숙박 비용은 매년 증가하였다.

34 정답 ②

2024년 1/4분기 고용 분야는 2023년 1/4분기 대비 7.8% 증가했다.

오답분석

① 제시된 자료를 통해 확인할 수 있다.
③ 2023년 1/4분기 대비 4/4분기에 가장 큰 비율로 증가한 분야는 수출 분야로, 그 증가율은 $\frac{1,125-910}{910}\times100≒23.6\%$이다.
④ 수출 분야가 -7.9%로 가장 큰 비율로 감소했다.

35 정답 ①

범죄유형별 남성 범죄자 비율은 각각 다음과 같다.

• 살인죄 : $\frac{193}{247}\times100≒78.14\%$

• 폭행죄 : $\frac{171}{221}\times100≒77.38\%$

• 강간죄 : $\frac{146}{195}\times100≒74.87\%$

• 절도죄 : $\frac{144}{188}1\times100≒76.60\%$

따라서 남성 범죄자 비율이 가장 높은 범죄는 살인죄이다.

36 정답 ④

기타를 제외한 통합시청점유율과 기존시청점유율의 차이는 C방송사가 20.5%p로 가장 크다. A방송사는 17%p이다.

오답분석

① B는 2위, J는 10위, K는 11위로 순위가 같다.
② D의 기존시청점유율은 20%로 가장 높다.
③ F의 기존시청점유율은 10.5%로 다섯 번째로 높다.

37 정답 ②

방송사별 N스크린 영향력은 각각 다음과 같다.

방송사	A	B	C	D	E	F	G
N스크린 영향력	1.1	0.9	2.7	0.4	1.6	1.2	0.4
범위	다	나	마	가	라	다	가

방송사	H	I	J	K	L	기타
N스크린 영향력	0.8	0.7	1.7	1.6	4.3	1.8
범위	나	나	라	라	마	라

따라서 각 범위에 포함할 방송사를 바르게 짝지은 것은 ②이다.

38 정답 ④

2023년 전문·관리직 종사자의 구성비는 50% 미만이다.

오답분석

①·② 제시된 자료를 통해 알 수 있다.
③ 2023년 여성 취업자의 수는 약 10,000천 명이고, 구성비는 약 21.5%이다. 따라서 1,800천 명 이상이다.

39

정부지원금 유형 A의 수령자는 $200 \times 0.36 = 72$명이고, 20대 수혜자는 $200 \times 0.41 = 82$명이다.

따라서 20대 수혜자 중 정부지원금 유형 A의 수령자가 차지하는

비율은 $\frac{72}{82} \times 100 ≒ 87.8\%$이다.

오답분석

① 정부지원금에 들어간 비용을 구하면 총 $100 \times 200 \times 0.36 +$ $200 \times 200 \times 0.42 + 300 \times 200 \times 0.22 = 37,200$만 원이다.

③ 20대 수혜자 수는 $200 \times 0.41 = 82$명이고, 정부지원금 금액이 200만 원인 사람은 $200 \times 0.42 = 84$명이다. 따라서 200만 원 수령자 중 20대 수혜자가 차지하는 비율은 $\frac{82}{84} \times 100 ≒ 97.6\%$ 이다.

④ 정부지원금 수혜자가 2배가 되고, 비율은 동일하다면 항목별 수혜자 수는 2배만큼 증가할 것이다. 따라서 정부지원금에 들어간 총비용은 2배가 된다.

40

정부지원금 300만 원 수령자는 $200 \times 0.22 = 44$명이고, 20·30대 수혜자는 총 $200 \times (0.41 + 0.31) = 144$명이다.

따라서 20·30대 수혜자 중에서 정부지원금 300만 원 미만 수령자가 차지하는 비율은 $\frac{(144-44)}{144} \times 100 ≒ 69\%$이다.

제2영역 추리능력검사

01	02	03	04	05	06	07	08	09	10
②	①	①	①	①	③	③	②	③	③
11	12	13	14	15	16	17	18	19	20
②	③	①	③	②	②	②	③	①	②
21	22	23	24	25	26	27	28	29	30
④	②	①	③	③	③	①	③	④	②
31	32	33	34	35	36	37	38	39	40
①	④	②	②	④	④	④	②	①	③

01

제시문에 따라 회사원 K씨가 영양제를 먹는 요일을 표로 정리하면 다음과 같다.

구분	월	화	수	목	금
비타민 C	×	×	○	○	○
칼슘	○	×	○	×	○
마그네슘		○			×

따라서 월요일에는 칼슘을 먹는다.

02

마그네슘은 월요일과 수요일, 목요일 중 두 번을 더 먹어야 하므로 월요일에 마그네슘을 먹지 않는다면 수요일과 목요일에 먹는다. 따라서 월요일에 마그네슘을 먹지 않는다면 수요일에 비타민 C와 칼슘을 마그네슘과 함께 먹어야 하므로 수요일에는 총 세 개의 영양제를 먹는다.

03

스페인어를 잘하면 영어를 잘하고, 영어를 잘하면 중국어를 못하므로 참이다.

04

일본어를 잘하면 스페인어를 잘하고, 스페인어를 잘하면 영어를 잘하며, 영어를 잘하면 중국어를 못한다고 했으므로 참이다.

05

정답 ①

제시문을 표로 정리하면 다음과 같다.

구분	스타박스	커피벤	카페버네	에디야
윈터		×	×	
카리나				○
지젤				×

윈터와 카리나는 좋아하는 커피브랜드가 다르다고 했으므로 윈터는 에디야를 좋아하지 않고, 커피벤과 카페버네도 좋아하지 않는다고 했다. 따라서 스타박스를 좋아할 것이다.

06

정답 ③

제시문만으로는 지젤이 스타박스 커피를 좋아하는지 좋아하지 않는지 알 수 없다.

07

정답 ③

제시문을 다음과 같이 표로 정리할 수 있다.

7월 10일(월)	
7월 11일(화)	
7월 12일(수)	비
7월 13일(목)	비
7월 14일(금)	
7월 15일(토)	맑음
7월 16일(일)	비

비가 내린 날은 7월 10일, 11일, 14일 중 하루이기 때문에 7월 11일에 비가 내렸는지는 정확히 알 수 없다.

08

정답 ②

제시문에 따라 7월 12일에는 비가 내렸기 때문에 거짓이다.

09

정답 ③

노화가 온 사람은 귀가 잘 들리지 않아 큰 소리로 이야기한다. 그러나 큰 소리로 이야기하는 사람 중 노화가 온 사람은 전부 또는 일부일 수도 있으므로 알 수 없다.

10

정답 ③

피자를 좋아하는 사람은 치킨을 좋아하고, 치킨을 좋아하는 사람은 맥주를 좋아하기 때문에 피자를 좋아하는 사람은 맥주를 좋아한다. 그러나 '피자를 좋아하는 사람은 맥주를 좋아한다.'의 역인 '맥주를 좋아하는 사람은 피자를 좋아한다.'는 참일 수도 거짓일 수도 있으므로 맥주를 좋아하는 미혜가 피자를 좋아하는지는 알 수 없다.

11

정답 ②

앞의 항에 +2, +3, +4, +5, …를 적용하는 수열이다.
따라서 ( )=19+6=21이다.

12

정답 ③

홀수 항은 $\times(-5)$, 짝수 항은 $\div2$를 적용하는 수열이다.
따라서 ( )=44×2=88이다.

13

정답 ①

홀수 항은 +10, 짝수 항은 ÷6을 적용하는 수열이다.
따라서 ( )=36÷6=6이다.

14

정답 ③

−6과 ×4가 반복되는 수열이다.
따라서 ( )=(−18)×4=−72이다.

15

정답 ②

앞의 항에 +3, +6, +9, +12, +15, …를 적용하는 수열이다.
따라서 ( )=32+15=47이다.

16

정답 ②

$\times\dfrac{3}{4}$, −1을 번갈아 적용하는 수열이다.

따라서 ( )$=\dfrac{3}{80}-1=-\dfrac{77}{80}$ 이다.

17
정답 ②

분자는 ×3, 분모는 +4, +8, +12, +16, +20, …을 적용하는 수열이다.

따라서 ( )=$\dfrac{243\times3}{57+20}=\dfrac{729}{77}$이다.

18
정답 ③

앞의 항에 ÷2를 적용하는 수열이다.

따라서 ( )=18.75÷2=9.375이다.

19
정답 ①

홀수 항은 ×2+1.1, ×2+1.2, ×2+1.3, …이고, 짝수 항은 ×2−1.1인 수열이다.

따라서 ( )=0.3×2−1.1=−0.50이다.

20
정답 ②

앞의 항에 −0.7, +1.6를 번갈아 적용하는 수열이다.

따라서 ( )=6.5+1.6=8.1이다.

21
정답 ④

앞의 항에 $\dfrac{2^2}{2}$, $\dfrac{3^2}{2}$, $\dfrac{4^2}{2}$, $\dfrac{5^2}{2}$, …을 더하는 수열이다.

따라서 ( )=$44+\dfrac{7^2}{2}$=68.50이다.

22
정답 ②

(앞의 항)−(뒤의 항)=(다음 항)인 수열이다.

따라서 ( )=−7−49=−56이다.

23
정답 ①

홀수 항은 ×$\dfrac{1}{3}$, 짝수 항은 ×$\dfrac{1}{2}$을 적용하는 수열이다.

따라서 ( )=$\dfrac{1}{9}\times\dfrac{1}{3}=\dfrac{1}{27}$이다.

24
정답 ③

앞의 항에 −3을 적용하는 수열이다.

Y	V	S	P	(M)
25	22	19	16	13

25
정답 ③

앞의 항에 +3, +3^2, +3^3, …인 수열이다.

b	e	n	o	(r)	a
2	5	14	41	122 (104+18)	365

26
정답 ③

가운데 ☆을 중심으로 ☆☆△△△☆☆□□□□□이 반복된다.

27
정답 ①

항을 3개씩 끊었을 때, 첫 번째 항과 두 번째 항을 더한 값이 세 번째 항이 되는 피보나치수열이다.

가	나	다	가	라	마	가	바	사	가	아	(자)
1	2	3	1	4	5	1	6	7	1	8	9

28
정답 ③

항을 3개씩 끊었을 때, 첫 번째 항과 두 번째 항을 더한 값이 세 번째 항이 되는 피보나치수열이다.

a	ㄱ	2	c	ㅁ	8	m	(ㅅ)	34	c
1	1	2	3	5	8	13	21 (14+7)	34	55

29
정답 ④

앞의 항에 +2를 적용하는 수열이다.

J	L	N	(P)	R	T
10	12	14	16	18	20

30
정답 ②

홀수 항은 −2, 짝수 항은 +2인 수열이다.

(G)	U	E	W	C	Y	A
7	21	5	23	3	25	1

31
정답 ①

홀수 항은 ×3, ×3^2, ×3^3, …이고, 짝수 항은 −1, −2, −3, …인 수열이다.

ㄱ	ㄴ	ㄷ	ㄱ	ㅈ	ㅍ	(ㅍ)	ㅊ	ㅋ
1	2	3	1	9	−1	27 (14+3)	−4	81

32
정답 ④

한글자음 및 알파벳 순서를 숫자로 변형하여 규칙을 찾으면 된다.

| 1,( ),3 | 2,7,6 | 3,9,( ) | 4,11,12 |

첫 번째 자리는 +1, 두 번째 자리는 +2, 마지막 자리는 3의 배수임을 알 수 있다.

따라서 처음 빈칸은 숫자 7-2=5이므로 알파벳의 5번째 순서인 'e'가 오고, 다음 빈칸은 9번째 순서에 있는 한글자음으로 'ㅈ'이 된다.

33
정답 ②

분류코드에서 알 수 있는 정보를 순서대로 정리하면 다음과 같다.
• 발송코드 : c4(충청지역에서 발송)
• 배송코드 : 304(경북지역으로 배송)
• 보관코드 : HP(고가품)
• 운송코드 : 115(15톤 트럭으로 배송)
• 서비스코드 : 01(당일 배송 서비스 상품)

34
정답 ②

제품 A의 분류코드를 부여되는 순으로 정리하면 다음과 같다.
• 발송코드 : a1(수도권인 경기도에서 발송)
• 배송코드 : 062(울산지역으로 배송)
• 보관코드 : FZ(냉동보관)
• 운송코드 : 105(5톤 트럭으로 배송)
• 서비스코드 : 02(배송일을 7월 7일로 지정)
따라서 제품 A의 분류코드는 a1062FZ10502이다.

35
정답 ④

약품이며, 냉장이 필요하고 미국에서 생산된 것이다. 또한 유통기한은 3개월 미만이다.

36
정답 ④

약품이 아니라 그 외의 상품에 해당된다.

37
정답 ④

중국에서 생산된 것으로 표기된 재고가 2개, 러시아에서 생산된 것으로 표기된 재고가 1개이므로, 실제로 러시아에서 생산된 재고는 총 3개이다.

38
정답 ②

식품이므로 1, 냉장이 필요하므로 r, 기타 국가에서 생산되었으므로 ETC, 유통기한은 19개월이므로 5이다.

39
정답 ①

AN(한국) - 24(2024년) - 34(서른네 번째 주) - BEY(프리미엄) - WA(하양) - T(32GB)

오답분석

② AN1634BEYWAT : 2016년에 생산된 스마트폰이다.
③ BA2434BEYWAT : 중국에서 생산된 스마트폰이다.
④ AN2434BEYMLT : 초록색 스마트폰이다.

40
정답 ③

DK(인도) - 23(2023년) - 01(첫 번째 주) - HQC(한정판) - VS(검정) - U(64GB)

오답분석

① DK2310HQCVSU : 열 번째 주에 생산된 스마트폰이다.
② DL2301HQCVSU : DL은 잘못된 제조공장 번호이다.
④ DK1301HQCVSU : 2023년은 23으로 나타내야 한다.

01	02	03	04	05	06	07	08	09	10
①	③	①	②	④	④	③	④	④	③
11	12	13	14	15	16	17	18	19	20
②	③	③	④	④	③	④	②	②	④
21	22	23	24	25	26	27	28	29	30
②	②	④	④	③	③	②	③	④	④
31	32	33	34	35	36	37	38	39	40
①	④	③	①	②	④	②	④	③	①

01 정답 ①

- 1층 : 5+5+2=12개
- 2층 : 3+2+2=7개
- 3층 : 4+1+1=6개
- 4층 : 1+1+2=4개
- 5층 : 5+1+0=6개
- 6층 : 2+1+1=4개
∴ 12+7+6+4+6+4=39개

02 정답 ③

- 1층 : 5+5+5+2+1=18개
- 2층 : 5+4+3+0+0=12개
- 3층 : 3+1+1+1+3=9개
- 4층 : 2+2+0+0+2=6개
- 5층 : 0+2+0+0+0=2개
∴ 18+12+9+6+2=47개

03 정답 ①

- 1층 : 3+3+3+2+3+3+3=20개
- 2층 : 3+3+2+1+2+3+2=16개
- 3층 : 3+2+1+1+1+2+2=12개
- 4층 : 2+1+1+0+1+1+1=7개
∴ 20+16+12+7=55개

04 정답 ②

- 1층 : 5+4+5+5+5+3=27개
- 2층 : 4+1+5+4+5+1=20개
- 3층 : 3+0+3+2+2+1=11개

- 4층 : 1+0+2+0+1+0=4개
- 5층 : 0+0+1+0+1+0=2개
∴ 27+20+11+4+2=64개

05 정답 ④

- 1층 : 4+4+3+2=13개
- 2층 : 2+3+4+1=10개
- 3층 : 4+3+4+3=13개
- 4층 : 1+0+1+1=3개
∴ 13+10+13+3=39개

06 정답 ④

- 1층 : 4+2+3+0=9개
- 2층 : 3+1+2+2=8개
- 3층 : 3+2+2+0=7개
- 4층 : 3+1+3+3=10개
∴ 9+8+7+10=34개

07 정답 ③

- 1층 : 4+4+4+3=15개
- 2층 : 3+4+4+2=13개
- 3층 : 3+4+3+1=11개
- 4층 : 2+2+1+1=6개
∴ 15+13+11+6=45개

08 정답 ④

- 1층 : 3+4+4+1=12개
- 2층 : 4+3+3+2=12개
- 3층 : 3+2+4+2=11개
- 4층 : 2+2+0+1=5개
∴ 12+12+11+5=40개

09 정답 ④

- 1층 : 4+2+2+1=9개
- 2층 : 3+2+2+1=8개
- 3층 : 4+2+2+2=10개
- 4층 : 2+0+0+3=5개
∴ 9+8+10+5=32개

10

정답 ③

- 1층 : 3+3+4+1=11개
- 2층 : 4+3+2+0=9개
- 3층 : 3+2+2+0=7개
- 4층 : 3+2+1+4=10개

∴ 11+9+7+10=37개

11

정답 ②

- 1층 : 3+2+4+3+5+3=20개
- 2층 : 3+2+3+2+4+0=14개
- 3층 : 2+2+3+1+2+0=10개
- 4층 : 2+0+2+0+2+0=6개
- 5층 : 0+0+1+0+2+0=3개

∴ 20+14+10+6+3=53개

12

정답 ③

- 1층 : 4+5+5+4+1=19개
- 2층 : 4+5+5+3+1=18개
- 3층 : 3+5+3+2+1=14개
- 4층 : 3+4+1+1+0=9개
- 5층 : 0+1+0+1+0=2개

∴ 19+18+14+9+2=62개

13

정답 ③

- 1층 : 4+5+5+5+3=22개
- 2층 : 3+5+4+4+1=17개
- 3층 : 3+4+1+4+0=12개
- 4층 : 1+1+1+1+0=4개
- 5층 : 0+0+1+0+0=1개

∴ 22+17+12+4+1=56개

14

정답 ④

- 상

: 7개

- 전

: 5개

- 후

: 5개

- 좌

: 5개

- 우

: 5개

∴ 7+5+5+5+5=27개

15

정답 ④

- 상

: 8개

- 전

: 7개

• 후

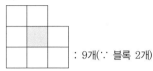

: 7개

• 좌

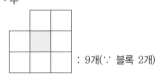

: 9개(∵ 블록 2개)

• 우

: 9개(∵ 블록 2개)

∴ 8+7+7+9+9=40개

16
정답 ③

제시된 문자를 오름차순으로 나열하면 'ㄴ－ㅈ－Q－T－U－Y'
이므로 2번째에 오는 문자는 'ㅈ'이다.

17
정답 ④

제시된 문자를 오름차순으로 나열하면 'C－E－F－G－H－I'
이므로 1번째에 오는 문자는 'C'이다.

18
정답 ②

제시된 문자를 오름차순으로 나열하면 'ㅅ－ㅇ－I－ㅌ－M－
T'이므로 2번째에 오는 문자는 'ㅇ'이다.

19
정답 ②

제시된 문자를 오름차순으로 나열하면 'A－C－D－E－F－G'
이므로 6번째에 오는 문자는 'G'이다.

20
정답 ④

제시된 문자를 오름차순으로 나열하면 'E－F－O－P－R－Z'
이므로 2번째에 오는 문자는 'F'이다.

21
정답 ②

제시된 문자를 내림차순으로 나열하면 'S－N－ㅍ－ㅊ－ㅂ－
C'이므로 3번째로 오는 문자는 'ㅍ'이다.

22
정답 ②

제시된 문자를 내림차순으로 나열하면 'S－Q－M－K－E－B'
이므로 4번째 오는 문자는 'K'이다.

23
정답 ④

제시된 문자를 내림차순으로 나열하면 'O－ㅎ－ㅌ－K－ㅊ－
H'이므로 5번째에 오는 문자는 'ㅊ'이다.

24
정답 ④

제시된 문자를 내림차순으로 나열하면 'ㅋ－ㅣ－ㅈ－ㅠ－ㅅ－
ㄴ'이므로 1번째 오는 문자는 'ㅋ'이다.

25
정답 ③

제시된 문자를 내림차순으로 나열하면 'U－Q－M－J－F－C'
이므로 3번째 오는 문자는 'M'이다.

26
정답 ③

씹다가 혀로 얇게 만들어 거기에 바람을 불어 넣으면 '풍선'처럼
부풀어 오르는 '풍선'껌, 다른 사람에게 들러붙어 떨어지려 하지
않는 사람을 비유적으로 이르는 껌'딱지', 껌을 씹으면 나오는 '단
물'을 통해 '껌'을 연상할 수 있다.

27
정답 ②

'경찰'이 교통 법규를 어긴 사람에게 부과하는 딱지, '피'가 말라붙
어 생기는 딱지, '거북'의 딱지(등 껍데기)를 통해 '딱지'를 연상할
수 있다.

28
정답 ③

'성벽', '목책', '사드(THAAD)'는 주로 외부 위험으로부터의 보호
를 목적으로 설치하므로 '보호'를 연상할 수 있다.

29
정답 ④

'산'의 정상 정복, '제복(정복)', 정복 '전쟁'을 통해 '정복'을 연상할
수 있다.

30 　　　　　　　　　정답 ④

'폼페이'는 현재 이탈리아에 위치했던 고대 도시이며, '콜로세움'은 이탈리아에 있는 로마의 유적이다. '밀라노'는 현재 이탈리아의 도시이므로 폼페이, 콜로세움, 밀라노를 통해 '이탈리아'를 연상할 수 있다.

31 　　　　　　　　　정답 ①

네덜란드의 인상파 화가 빈센트 반 '고흐', 사람 '얼굴'의 생김새를 의미하는 인상, '요금' 인상을 통해 '인상'을 연상할 수 있다.

32 　　　　　　　　　정답 ④

에디슨은 '축음기'와 '영사기'를 발명하였고, "천재는 '99'%의 땀과 1%의 영감으로 이루어진다."라고 말하였다. 따라서 축음기, 영사기, 99를 통해 '에디슨'을 연상할 수 있다.

33 　　　　　　　　　정답 ③

愚公移山(우공이산)은 '우공이 산을 옮긴다.'는 뜻으로, 어떤 일이든 끊임없이 노력하면 반드시 이루어짐을 이르는 말이다.

34 　　　　　　　　　정답 ①

無信不立(무신불립)은 '믿음이 없으면 설 수 없다.'는 뜻으로 믿음과 의리의 중요성을 이르는 말이다.

35 　　　　　　　　　정답 ②

背恩忘德(배은망덕)은 '은혜를 잊고 배신을 함'이라는 뜻으로, 은혜를 배신하고 베풀어 준 덕을 잊음을 이르는 말이다.

36 　　　　　　　　　정답 ④

因果應報(인과응보)는 '원인과 결과는 상응하여 갚는다.'는 뜻으로, 행한 대로 결실을 얻음을 이르는 말이다.

37 　　　　　　　　　정답 ②

天高馬肥(천고마비)는 하늘이 높고 말이 살찐다는 뜻으로 하늘이 맑아 높푸르게 보이고 온갖 곡식이 익어가는 가을철을 뜻한다.

38 　　　　　　　　　정답 ④

韋編三絕(위편삼절)은 공자가 읽었던 책 끈이 세 번이나 끊어졌다는 이야기에서 유래되어 열심히 공부한다는 뜻이다.

39 　　　　　　　　　정답 ③

螢雪之功(형설지공)은 반딧불과 눈빛으로 책을 읽어서 이룬 공으로 고생을 하면서 공부하여 얻은 보람을 뜻한다.

40 　　　　　　　　　정답 ①

燈火可親(등화가친)은 '등불을 가까이 할 만하다.'의 의미로 가을 밤에 등불을 가까이 하여 글 읽기에 좋은 계절임을 뜻한다.

**2025 최신판 시대에듀 All-New 사이다 모의고사
삼성 온라인 GSAT 4급 전문대졸 채용**

개정17판1쇄 발행	2025년 04월 15일 (인쇄 2025년 03월 28일)
초 판 발 행	2016년 02월 15일 (인쇄 2015년 12월 22일)
발 행 인	박영일
책 임 편 집	이해욱
편 저	SDC(Sidae Data Center)
편 집 진 행	안희선 · 정수현
표지디자인	조혜령
편집디자인	최미림 · 고현준
발 행 처	(주)시대고시기획
출 판 등 록	제10-1521호
주 소	서울시 마포구 큰우물로 75 [도화동 538 성지 B/D] 9F
전 화	1600-3600
팩 스	02-701-8823
홈 페 이 지	www.sdedu.co.kr
I S B N	979-11-383-9040-8 (13320)
정 가	22,000원

사이다

사일 동안
이것만 풀면
다 합격!

삼성
온라인 GSAT
4급 전문대졸

고졸 / 전문대졸 취업 기초부터 합격까지! 취업의 문을 여는 **Master Key!**

고졸/전문대졸 필기시험 시리즈

포스코그룹
생산기술직 / 직업훈련생

삼성
GSAT 4급

현대자동차
생산직 / 기술인력

SK그룹 생산직

SK이노베이션
생산직 / 기술직 / 교육 · 훈련생

SK하이닉스
고졸 / 전문대졸

※도서의 이미지 및 구성은 변동될 수 있습니다.

NEXT STEP

시대에듀가 합격을 준비하는
당신에게 제안합니다.

성공의 기회
시대에듀를 잡으십시오.

시대에듀

기회란 포착되어 활용되기 전에는 기회인지조차 알 수 없는 것이다.
- 마크 트웨인 -